"Las facetas explicadas en este libro vibran en un nivel iluminado del ser y proveen una forma práctica de aplicar los resultados de mis estudios: que la naturaleza de nuestros pensamientos afecta profundamente nuestra experiencia de vida.

En *¿Porque caminar si puedes volar?*, aprenderás un sistema simple para ir hacia dentro y comenzar a transformar tu percepción, desde una perspectiva basada en el miedo, a otra basada en el amor y la unidad en el momento presente."

— DR. MASARU EMOTO,
autor de *Los mensajes ocultos del agua*

"Este es un libro importante y hasta imprescindible. Vivimos en un tiempo en que millones están siendo llamados a desplegar sus alas y volar, manifestando así un mundo que refleja nuestros sueños mas elevados. La única barrera es el miedo y este libro nos ofrece una manera práctica de liberarnos de él y cortar la rama. Y si quieres saber lo que esto significa, simplemente vas a tener que leerlo."

— JAMES F. TWYMAN,
autor de *El código Moisés*

"Isha comparte cuatro facetas poderosas de 'Amor-conciencia' que guían a los lectores por un camino genuino hacia el despertar espiritual. Enseña con calidez y creatividad, compartiendo historias y anécdotas que nos ayudan a darnos cuenta de que nosotros también podemos emprender ese viaje hacia las profundidades del corazón. Su mensaje es el único mensaje verdadero de nuestros tiempos: 'una vez que reconoces que solo existe el amor, verás la magia y la maravilla de todo'. Isha nos lleva a todos a un mayor reconocimiento de nuestra capacidad verdadera de amar y a través de sus prácticas y sugerencias, nos da la valentía para vivir plenamente en este círculo de Amor, que es la conexión permanente con nuestro verdadero Ser."

—MEREDITH YOUNG-SOWERS, D.DIV.
Fundadora de "Stillpoint", escuela de sanación integral y autora del libro
Sanación espiritual.

Isha

¿Por qué caminar si puedes volar?

Elévate por encima de tus miedos
amándote a ti mismo y a los demás
sin condiciones

Traducción

Enid Stewart
y
Germania Sánchez

alamah ESPIRITUALIDAD

alamah ⚫ ESPIRITUALIDAD

Título original: *Why Walk When You Can Fly?*
¿Por qué caminar si puedes volar?
© 2008 by Isha

© De esta edición: 2008,
Santillana USA Publishing Company, Inc.
2105 NW 86th Avenue
Doral, FL 33122
(305) 591-9522
www.alfaguara.net

El título *¿Por qué caminar si puedes volar?* fue inspirado por la canción del mismo nombre escrita por Mary Chapin Carpenter.

ISBN: 13: 978-1-60396-363-3
ISBN: 10: 1-60396-363-4

Traducción: Enid Stewart y Germania Sánchez
Adaptación de portada y formación de interiores:
La Buena Estrella Ediciones, S.A. de C.V.

Printed in the United States by HCI Printing
Impreso en los Estados Unidos por HCI Printing

Los grandes maestros son estudiantes eternos

A mi madre, con amor

Contenido

Parte 2. El portal diamante

Introducción

Había una vez un rey que recibió como regalo dos magníficos halcones provenientes de Arabia. Eran halcones peregrinos, las aves más hermosas que se hayan visto jamás. El rey entregó las preciosas aves al maestro de cetrería para que las entrenara.

Pasaron los meses y un día el maestro de cetrería le informó al rey que uno de los halcones estaba volando majestuosamente, planeando alto en los cielos, pero el otro halcón no se había movido de su rama desde el día en que llegó.

El rey convocó a curanderos y hechiceros de todas las tierras para atender al halcón, pero ninguno pudo hacer que el ave volara. Luego le presentó la tarea a los miembros de su corte, sin embargo, al día siguiente, el rey vio a través de la ventana del palacio que el ave aún no se movía de su percha. Habiéndolo intentado todo, el rey pensó: "Tal vez necesito a alguien que esté más familiarizado con la vida del campo para que entienda la naturaleza de este problema". Entonces le gritó a su corte:

—¡Vayan a buscar a un granjero!

En la mañana el rey se emocionó al ver al halcón volando muy alto sobre los jardines del palacio y le dijo a su corte:

—Tráiganme al hacedor de este milagro.

La corte rápidamente localizó al granjero, quien vino ante el rey. Éste le preguntó:

—¿Cómo hiciste para que el halcón volara?

Con reverencia, el granjero le dijo al rey:
—Fue fácil, su majestad. Simplemente corté la rama.

Todos fuimos hechos para volar, para darnos cuenta de nuestro increíble potencial como seres humanos. Pero en lugar de hacer eso, nos posamos en nuestras ramas, aferrados a las cosas que nos resultan familiares. Las posibilidades son infinitas pero, para la mayoría de nosotros, permanecen sin ser descubiertas. Nos conformamos con lo familiar, lo cómodo, lo banal. De modo que para la mayoría nuestras vidas son mediocres en lugar de ser excitantes, emocionantes y plenas.

Yo soy como el granjero de esta historia. Estoy aquí para ofrecerte una comprensión profunda que, si la aplicas, cortará cualquier rama a la que estás aferrado y te llevará a volar.

En este libro te enseñaré un sistema que destruirá la rama del miedo a la que te aferras, liberándote hacia la gloria del vuelo. Este método se llama Sistema Isha y mediante su práctica he atestiguado el cambio en decenas de miles de personas. La primera parte del sistema toma la forma de cuatro facetas, y es conocido como el Portal Diamante: la experiencia de nuestra perfección, el estado de paz y amor permanentes.

Estas facetas son declaraciones simples de verdades profundas, expresiones puras del amor incondicional, que nos repetiremos mentalmente sin ninguna tensión ni esfuerzo. Cada faceta representa un aspecto de la experiencia de la unidad y está diseñada para producir la vibración de la unidad.

Con la práctica de las facetas, comenzaremos a crear cambios internos radicales, dejando de lado los miedos en los cuales se basan los hábitos e inseguridades que nos impiden volar.

Las facetas del Sistema Isha pueden parecer muy simples, pero en realidad son herramientas extraordinariamente poderosas y transformadoras para el crecimiento interno. Ellas traen a los individuos rápidamente dentro de la experiencia de su verdadera naturaleza: la experiencia que nosotros llamamos *"amor-conciencia"*.

El amor-conciencia no debe ser confundido con el término psicológico "conciencia". El amor-conciencia no se refiere a la mente consciente como lo opuesto de la mente inconsciente. El amor-conciencia es el amor incondicional dentro de todos los seres, una experiencia que se mantiene expandiéndose cuando nos sumergimos en lo profundo de nosotros mismos. No es una experiencia extraña o etérea, sino algo muy concreto y natural; probablemente ya lo has experimentado en momentos de tu vida: tal vez mientras compartías con un bebé, expresando tu creatividad, viendo un atardecer o meditando.

En la mayoría de nosotros la mente inconsciente está inventando miedos y dudas que nos mantienen aferrados a nuestras ramas, pero en lugar de analizar cada aspecto de esos patrones autodestructivos, con el Sistema Isha simplemente nos enfocamos en el amor. Luego, todo lo que proviene del miedo empezará a desvanecerse.

En la sociedad moderna, muchos tenemos la tendencia a pensar que si algo es fácil no tiene valor. El dicho "lo ganarás con el sudor de tu frente" resume esta perspectiva. Algunos creemos que la única manera de lograr la libertad es a través de concentrarnos seriamente mientras meditamos en posiciones complejas e incómodas para el cuerpo. A otros les han enseñado sus padres o algunas religiones que el sufrimiento es el camino a la liberación. De manera que como las facetas del Sistema Isha no requieren esfuerzo ni producen dolor, no encajan en estas creencias acerca de cómo alcanzar la autorrealización.

Las facetas nos traen dentro del momento. No hay nada complicado acerca de esto. Ellas son simples, tal como el secreto de la felicidad es simple, tal como el amor y la dicha son simples. Todas estas cosas vienen de la inocencia, que es la capacidad de estar completamente presente. La inocencia es una de las piedras angulares del Sistema Isha. Los niños son un ejemplo perfecto de la inocencia: no son complejos, pues no están planeando el futuro ni arrepintiéndose del pasado, ellos sólo son. ¿Recuerdas cuando eras niño? Eras feliz sin ninguna razón. Vivías perfectamente el momento. Encontrabas magia en todo. La vida era una dicha. No te juzgabas. Pensabas que eras perfecto exactamente como eras. Si estabas feliz, te reías. Si estabas triste, llorabas. Y si estabas enojado, pataleabas y luego estabas feliz otra vez. A medida que practiques este sistema, quiero que te transformes de nuevo en ese niño. Quiero que abraces esa simplicidad y espontaneidad, y sueltes los cuestionamientos, el control y las opiniones del intelecto. Si tú puedes reavivar la inocencia perdida de la infancia, mientras conservas la madurez y el sentido de responsabilidad que has adquirido como adulto, este simple sistema trabajará rápida y profundamente para ti, transformando tu vida de formas que no puedes imaginar.

Empezaremos el viaje explorando las facetas. Los primeros cuatro capítulos abordan cada una de ellas. Junto con las instrucciones específicas sobre cómo usar las facetas, también incluyo enseñanzas espirituales para ayudarte a ver tu vida con claridad. Estas verdades espirituales te guiarán mientras comienzas a trabajar con las facetas en tu vida. El capítulo 5 proporciona más consejos prácticos sobre cómo incorporar las facetas en tu vida y aborda algunas experiencias comunes que puedes tener durante el uso de ellas. El capítulo 6 describe los siete elementos del Sistema Isha, siendo las facetas el primero de ellos. Esto te dará el marco de referencia ampliado dentro del cual encajan las facetas. A medida que trabajas con las facetas y el resto del Sistema, notarás grandiosas introspecciones y cambios emergiendo en tu vida. El capítulo 7, final del libro, te ofrece lineamientos sobre cómo integrar estos cambios en el panorama global de tu vida. También incluye historias de varias personas con las cuales he trabajado a medida que ellas abrazan al Sistema Isha. Creo que encontrarás, como ellos lo hicieron, que el Sistema te ayudará a ver al mundo —y a ti mismo— a través de la lente del amor-conciencia, y a descubrir una paz profunda y perdurable.

Parte 1

Las facetas Isha

Capítulo 1

La primera faceta:

Abrazar el momento presente

Una pareja de recién casados se mudó a un apartamento en un vecindario muy concurrido. La primera mañana en su nuevo hogar, después de haber hecho el café, la joven esposa miró por la ventana y vio que la vecina colgaba las sábanas para secarlas. "¡Qué sábanas tan sucias! —pensó—, quizás necesita comprar otro tipo de detergente. Yo debería ir a enseñarle cómo lavar apropiadamente." Cada dos días ella le murmuraba lo mismo a su esposo con desdén, mientras veía a su vecina colgar las ropas sucias desde tempranas horas del día.

Pasado un mes, una mañana la joven esposa vio con sorpresa que su vecina estaba colgando las sábanas perfectamente limpias. Ella exclamó:

—¡Mira, finalmente aprendió a lavar la ropa, me pregunto quién la habrá enseñado!

Y el marido le contestó:

—Bueno, en realidad, mi amor, la única diferencia es que me levanté temprano esta mañana y limpié la ventana.

Cada uno de nosotros ha estado viendo a través de una ventana toda la vida. Manchada por las creencias e ideas adoptadas del pasado, esta superficie distorsionada crea nuestro mundo y gobierna nuestra percepción del universo. En la mayoría de los casos, nuestras ventanas están cubiertas por la mugre y el polvo de toda una vida, nublando nuestra visión, bloqueando la luz de la verdad de nuestra vista.

La ventana de la mente se ensucia cuando el subconsciente se llena de opiniones basadas en la autocrítica y el miedo. Desafortunadamente, éste es el caso de muchos de nosotros y por ende los pensamientos incesantes y erráticos son nuestros compañeros constantes. Nuestras mentes adultas se encuentran en perpetuo caos y contradicción. Nuestros pensamientos demandan en todo momento nuestra atención, mientras saltamos de una distracción a otra. Este pensar incesante afecta nuestro sistema nervioso y en pocas ocasiones habitamos en el momento presente, que es donde podemos encontrar la paz.

¿Cómo logran esto nuestros pensamientos? El secreto yace en la vibración. Nuestros pensamientos tienen una vibración, así como cualquier sonido la tiene. Ellos resuenan dentro de nuestro sistema nervioso, afectando nuestro ritmo vibratorio interno. Cuando nuestros pensamientos son erráticos y conflictivos crean una vibración disonante en el cuerpo. Cuando nuestros pensamientos son armoniosos y creativos la vibración de la unidad los envuelve.

El descontento de la humanidad

Raras veces nos sentimos completos en el presente. En el mundo moderno, personas de todas las clases sociales y estilos de vida luchan con un sentimiento subyacente de insatisfacción y descontento. Frecuentemente nos encontramos anhelando algo más. Sin importar lo que hayamos logrado en nuestras vidas, la plenitud que tanto deseamos se mantiene elusiva. Muchos encontramos que nuestra atención gravita en torno a lo que está mal en nuestras vidas. Es difícil que nos enfoquemos en apreciar las cosas maravillosas que tenemos; en lugar de eso, habitualmente criticamos lo que nos rodea y culpamos de nuestro descontento a lo que está afuera. Raramente estamos en el momento presente lo suficiente como para abrazar la magia del ahora.

Siempre he sido una persona que logra más de lo esperado, poniendo todo mi corazón en lo que hago; pero, durante la mayor parte de mi vida me pareció que no era suficiente. Me sentía insatisfecha conmigo misma, siempre estaba esperando algo más. Incapaz de apreciar completamente las cosas que había alcanzado, estaba enfocada incesantemente en lo que me faltaba.

De hecho, aunque aparentaba ser una mujer poderosa, exitosa y segura, en lo profundo siempre dudaba de mí. Me criticaba constantemente, y a pesar de no ser consciente de esto, debajo de mi personalidad en apariencia tan segura de mí misma, yacía un miedo enorme.

Hasta cierto punto, todos experimentamos esta desilusión de nosotros mismos. Sin importar el lugar del planeta en que estemos, podemos sentir este descontento, aunque culpemos de nuestro tormento interno a nuestra ubicación o nuestras circunstancias. Puede suceder en las grandes ciudades, a pesar de las constantes distracciones de nuestro mundo automatizado y de la presencia de una creciente población en las metrópolis. Las personas mueren de depresión profunda y soledad hasta en el mismo corazón de lugares como Manhattan o Buenos Aires. Y también puede suceder en el campo, a aquellos que solamente están rodeados por el mundo natural y por las personas que aman.

Dondequiera que estemos, sentimos arrepentimiento, culpa y dolor intensos como resultado de las cosas que han pasado en nuestras vidas, y anhelamos cosas que desearíamos que sucedieran. Ésta es la locura de la condición humana: la tendencia de nuestras mentes a estar siempre dando vueltas al pasado y proyectándose hacia el futuro, haciéndonos de ese modo seres miserables en el presente.

La mayoría de nosotros tiene una idea de cómo debe ser la felicidad. Tendemos a verla en el futuro, cuando podamos pagar una casa más grande, comprar un auto nuevo, encontremos la pareja perfecta, los niños crezcan, nos jubilemos.

¿Has notado que cuando logras una meta —el mejor trabajo, la casa más grande, la nueva pareja—, siempre hay algo más en lo cual pones tu corazón? Parece que sin importar lo que logremos, la plenitud está siempre más allá de nuestro alcance. ¿Por qué nunca nada es suficiente?

Estamos esperando que *algo* pase, cualquier cosa que pueda traernos la satisfacción que nos ha eludido por tanto tiempo. El futuro parece contener nuestra única esperanza de plenitud verdadera, mientras el momento presente —que es donde siempre estamos, sin ningún esfuerzo— es donde menos esperamos encontrarlo.

¿Qué es lo que nos impide descubrir la belleza de la vida vivida en el ahora? La causa no es externa, como puede que pensemos frecuentemente, sino interna. Yace dentro de nuestras mentes.

La matrix de la mente

El intelecto es uno de los grandes tesoros de la experiencia humana. Él provee los medios para una evolución constante. Los descubrimientos científicos y los recientes avances en las comunicaciones y la tecnología rinden homenaje a su brillantez y, en un nivel más personal, el intelecto nos provee habilidades esenciales, tales como el discernimiento y la comparación, que nos ayudan a tomar decisiones en nuestra vida diaria.

Sin embargo, el alcance de la mente, aunque sea variado y fascinante, es limitado. Por ejemplo, ella no puede entender completamente las complejidades del amor. En lugar de eso, tiende a enfocarse en lo banal y revolotea incesantemente de un pensamiento a otro. Aun en medio de la más grandiosa belleza —por ejemplo, viendo el sol ponerse sobre una dorada ladera—, la mente vaga por otros momentos, otros lugares. "¡Guau! Este atardecer es maravilloso. Dicen que un atardecer como éste significa que vamos a tener un día soleado mañana. Espero que así sea, porque es mi único día libre y tengo muchas cosas que hacer. La primera cosa que debo hacer es ir al gimnasio en la mañana. ¡Tengo que perder peso! Y luego tengo que ir a la ferretería a comprar pintura, lavar mi ropa, arreglar la casa para cuando lleguen los invitados y ver qué voy a cocinar para la cena. La última vez que invitamos gente a la casa realmente les gustó aquel plato de pasta, tal vez debería hacerlo de nuevo. Era tan malo el pastel de cumpleaños que trajeron nuestros amigos esa vez, era terrible. ¡Oh, no! El cumpleaños de mi mamá es mañana y olvidé enviarle una tarjeta. Soy una hija terrible…"

Por identificarnos tan profundamente con el parloteo constante de la mente, hemos perdido de vista todo lo que se encuentra más allá de sus límites: nuestra verdadera grandeza, la cual yace enterrada debajo de los pensamientos y opiniones limitados de la mente. Cuando esto sucede, la mente se transforma en una *matrix*.

Estamos atrapados en esta *matrix* mental. Es como una red que nos apresa y nos imaginamos que la red es todo lo que hay. Nos encontramos pegados en las formas limitadas de pensamiento que aprendimos de niños.

Por causa de las creencias limitantes de esta *matrix* mental, es más fácil para nosotros escuchar a alguien diciéndonos que somos mediocres, ordinarios o poco especiales, antes que escuchar la voz que dice que somos capaces y grandiosos. Muchos creemos que no somos tan buenos como otras personas. Desde la temprana infancia, se nos dice que somos inadecuados, inútiles y hasta estúpidos. Con certeza, yo no escapé de la *matrix* durante mi crecimiento. Cuando vivía en Melbourne, Australia, en mis años de estudiante, era mucho más alta que la mayoría de los niños de mi edad. Mi estatura me hacía una excelente corredora y fácilmente dejaba atrás a mis competidores en cualquier carrera. Mis profesores me decían: "No ganes por tanto. Haces que los otros niños se sientan mal". Como resultado de esto, comencé a contener parte de mi habilidad. Yo establecí mis propios frenos. Empecé a creer que yo no debería brillar, sino solamente ser "normal".

Poco después, los profesores de mi colegio de señoritas reprobaron mi comportamiento extrovertido. Creían que una joven dama debía ser recatada y sin pretensiones, nunca sobresalir del grupo, nunca estar en un rol protagónico. Yo estaba tan desesperada por su aprobación que me volví insegura. Con el tiempo, adopté su opinión como si fuera la mía, e imaginaba que debía haber algo malo conmigo porque no era la callada y pasiva mujer que ellos pensaban que debería ser. Aprendí a dudar de mí misma todo el tiempo. Empecé a actuar la pequeñez.

En lugar de volar alto, inspirándonos en la magnificencia y belleza de la vida, la mayoría de nosotros juega a la pequeñez. Sencillamente, no vemos nuestra grandeza, entonces encarnamos el pobre significado de nosotros mismos que hemos internalizado de nuestra familia, de la escuela y de la sociedad en general. Como consecuencia de eso, todos damos vueltas en un ambiente nebuloso, buscando incesantemente paz, amor y felicidad.

Anhelamos la libertad absoluta. Queremos volar como el halcón. Queremos ser todo lo que podemos ser, pero en lugar de eso, nos aferramos a la rama de la mediocridad. Hemos aceptado ser dominados por la *matrix* de la mente, como si la forma en que pensamos de nosotros mismos es todo lo que realmente somos.

La dualidad y sus contrastes

La *matrix* de la mente está siempre tratando de intelectualizar y entender. Está siempre enfocada en lo bueno contra lo malo, lo correcto contra lo incorrecto. De hecho, bueno, malo, correcto y equivocado son las bases de la *matrix*, pues observa todo desde el punto de vista de la dualidad o de la separación. La *matrix* encaja el mundo dentro de categorías, etiquetando todo y a todos los que nos rodean. Hasta cierto punto, estas etiquetas nos permiten experimentar la vida humana, pero cuando se convierten en nuestra única forma de percepción y las consideramos verdades absolutas, perdemos la inocencia que se deleita en la maravilla de la existencia.

Nuestra percepción del universo físico está llena de contrastes y separaciones. Vemos abundancia y hambruna. Vemos las atrocidades de la guerra y la entrega desinteresada de visionarios como Gandhi y la Madre Teresa. Vemos toda suerte de cosas diferentes, creando separación y disparidad, así como tragedia y dicha. Lleno de contrastes, el mundo forma un paisaje increíble de diversidad y maravilla.

Aun cuando percibimos toda esta riqueza a través de la *matrix* del intelecto, todas las divisiones nos hacen sentir vulnerables, separados, pequeños. Nos identificamos con las distinciones tan fuertemente que perdemos de vista la vibrante belleza del panorama completo. La consecuencia es que somos superficiales. Estamos atascados en el intelecto, inmersos en las restricciones de la mente. Estar enredados en la *matrix* nos hace flotar en la superficie de la vida en vez de ir a lo profundo, y así no logramos encontrar la plenitud que buscamos.

La comodidad de la limitación

La percepción nublada creada por la *matrix* del intelecto nos hace insensibles a la plenitud que existe en cada momento; sin embargo, hemos encontrado cierta comodidad dentro de sus límites. Es un espacio definido por todos nuestros miedos y limitaciones, pero dentro de estas restricciones está todo lo que conocemos, todo aquello en lo que creemos y confiamos. Allí, nuestras experiencias pasadas gobiernan cada uno de nuestros pasos.

Como existe cierta comodidad en la posición que hemos alcanzado para nosotros mismos, abrazar nuestra grandeza, creer que merecemos vivir con todo nuestro potencial, es lo más difícil de hacer. Incluso cuando tenemos sueños que nos gustaría realizar, es difícil salirnos de nuestras zonas de confort. Queremos resultados, esperamos cosas buenas, incluso buscamos oportunidades, pero ¿estamos dispuestos a soltar aquello a lo que estamos acostumbrados para lograr nuestros deseos provenientes del corazón?

Aquellos que buscan el cambio se permiten volar. Aquellos que se sienten inadecuados se aferran a sus ramas. ¿Cuál de ellos eres tú?

Si estás aferrándote a la rama, ¿a qué te estás agarrando que te impide volar? ¿Qué es lo que no sueltas?

Cortar la rama

Estamos por aprender la primera Faceta Isha, la primera de cuatro herramientas extremadamente poderosas que nos ayudarán a cortar la rama de los hábitos del pasado, basados en el miedo, para que así podamos encontrar nuestras alas y sentir la gloria del vuelo. Para que puedas beneficiarte del poder completo de estas facetas, es necesario que te comprometas a practicarlas con regularidad. Si nos inscribimos en un gimnasio, pero nunca vamos a ejercitarnos, no adelgazaremos. De la misma manera, si no practicamos las facetas, no obtendremos resultados. Lo ideal es que practiques una hora al día con los ojos cerrados. Puedes dividir esta hora en dos bloques de treinta minutos o tres bloques de veinte minutos. Lo más importante es hacerlo. Si algún día no puedes dedicarle una hora, es preferible practicar por un tiempo más breve que no hacerlo.

El proceso funciona en un nivel profundo y para la mayoría de las personas los cambios son inmediatos. A medida que continúan practicando, experimentan una paz y dicha que se vuelven cada vez más profundas. A otras personas les lleva algunos días o semanas de práctica continua el comenzar a ver los cambios. Cuando se encuentran con amigos, éstos notan los cambios antes de que ellos mismos los perciban. Aunque sean un poco escépticos en cuanto a aceptar que algo está sucediendo en su interior, hallan personas que les dicen: "luces diferente hoy" o "has cambiado, ¿qué estás haciendo?"

Siempre recomiendo que practiques las facetas de manera continua por un mínimo de cuatro semanas, sin dar importancia a lo que ocurra durante la práctica. Según mi experiencia, cuatro semanas son suficientes para que cualquier persona disfrute los enormes beneficios del sistema.

Otro aspecto importante a tener en cuenta, cuando estés aprendiendo estas facetas, es ser inocente, abierto y sin prejuicios hacia la práctica. La experiencia de estas facetas será muy diferente a cualquier cosa que hayas experimentado antes, y mientras más abierto estés, más fácil será para ti adoptar esta nueva perspectiva y experimentar sus beneficios. Al principio, el uso de las facetas puede parecer que es como otras prácticas espirituales o de autoayuda; pero es importante darle una oportunidad a las facetas para realizar su magia en tu vida. Descubrirás que son diferentes a cualquier otra cosa que alguna vez hayas experimentado.

La primera faceta

En cada momento, podemos encontrar la perfección. Cuando estamos totalmente presentes, nada está mal; todas las aparentes imperfecciones surgen cuando nos extraviamos pensando en el pasado o en el futuro. La primera faceta nos trae a la perfección de este momento. Al traer nuestra atención completamente al presente, la primera faceta nos conduce naturalmente hacia la experiencia del amor-conciencia.

Estar en el momento presente no significa que no continuemos creciendo: la vida está siempre evolucionando, siempre moviéndose hacia un mayor crecimiento y expansión. Pero al abrazar la inherente perfección de este momento, naturalmente elevamos nuestra vibración interna, recreándonos en frecuencias cada vez más elevadas de amor.

Traer nuestra atención completamente dentro del presente, destruye una de las creencias negativas más profundamente arraigadas en la humanidad. Esta creencia es el origen de nuestro descontento. Es la falsa idea mental que nos impide experimentar plenitud. Es la idea de que "hay algo que está mal en este momento". En el fondo, aunque no lo advirtamos, casi todos compartimos esta creencia. Incluso si amamos nuestras vidas, muy pocos nos sentimos absolutamente completos.

La primera faceta nos brinda esa plenitud al cambiar esta creencia desde su origen. Cuando hacemos este profundo cambio en lo hondo de nuestro subconsciente, nuestra entera percepción de la vida cambia dramáticamente. Mediante el uso de esta faceta, te asombrarás de que algo tan sencillo pueda tener un impacto tan increíble en tu vida.

Vamos a crear ahora un pensamiento perfectamente armonioso: una verdad profunda que llega más allá de todos los condicionamientos negativos del intelecto, anclándonos en la belleza del aquí y del ahora. Este pensamiento está enfocado en el concepto del *amor* como la fuerza de unidad que lo abarca todo. Se usa la emoción de *alabanza,* que significa apreciar. Cuando cambiamos nuestra percepción hacia la apreciación, comenzamos a quitarle el poder a nuestras viejas creencias y hábitos basados en el miedo y nos movemos hacia más amor, hacia más amor-conciencia. Mientras más elegimos el amor, más limpiamos nuestra ventana, hasta que la luz de la conciencia pura brille a través de la superficie cristalina. Nos alejamos de la percepción de autocrítica y duda permanente, libres para volar alto en una celebración dichosa del aquí y del ahora. Te presento ahora ese pensamiento, la primera faceta:

Alabanza al amor por este momento en su perfección.

Ahora vamos a explicar cómo practicar la primera faceta:

1. Siéntate o acuéstate cómodamente y cierra tus ojos. Permite que cualquier pensamiento que venga a tu mente pase suavemente. No intentes parar tus pensamientos; no trates de entrar en un estado de no-mente. En vez de eso, sólo deja que suceda naturalmente lo que haya de venir.
2. Ahora piensa: *Alabanza al amor por este momento en su perfección.* Piénsalo sin ningún esfuerzo, como lo harías con cualquier otro pensamiento, sin concentrarte y sin tratar de entender su significado.
3. Al mismo tiempo que piensas la faceta, pon tu atención profundamente en el área de tu corazón.
4. Después de pensar la faceta, deja un espacio, haz una pausa. Después de unos momentos, repite la faceta, lleva tu atención al corazón y de nuevo deja un espacio.

5. Continúa de esta forma por veinte minutos. Puedes darle un vistazo a tu reloj para llevar el tiempo.

No pienses la faceta una y otra vez de forma ininterrumpida como lo harías con un mantra, deja siempre un espacio de unos pocos segundos entre cada repetición. Puedes experimentar paz y silencio durante este lapso, pero también es posible que lleguen pensamientos a tu mente. En ocasiones puedes olvidar la faceta, cambiar las palabras o el punto de atención. Si esto sucede, cuando te des cuenta vuelve a pensarla como se explicó anteriormente. Todo esto es perfectamente normal y natural. Sólo recuerda: cuando notes que no estás pensando la faceta, elige pensarla de nuevo.

Asimismo, el tipo de pensamientos que tienes durante la pausa, entre cada repetición, puede variar mucho. Puedes pensar: "¡¿No es maravillosa la vida!? ¡¿No son grandiosas estas facetas!? ¡¿No es fantástico este sistema!?" Pero también puedes pensar: "¡Esto es una pérdida de tiempo enorme! ¿Por qué me molesto en hacer esto? ¿Cómo una breve frase tan ridícula puede causar algún efecto en mi vida?" Y también eso está bien. Las facetas funcionarán con independencia de los pensamientos que puedas tener durante la práctica.

Una de las cosas que más amo de estas facetas es que trabajan automáticamente. No necesitas creer en ellas para obtener sus beneficios. Esto hace a las facetas tan efectivas; pues dado que nuestros miedos son habituales, necesitamos una herramienta que de forma automática genere una nueva experiencia, aun cuando nuestros pensamientos se estén resistiendo a ello. Lo importante es que tengas tu propia experiencia. Sólo mediante la práctica podrás apreciar los beneficios de las facetas, no porque yo lo diga, sino porque tú verás los cambios dentro de ti mismo. Debes tomar en cuenta que las facetas Isha tienen una estructura muy específica que no puede ser cambiada; si la cambias, las facetas perderán su efectividad. No cambies una faceta por el hecho de que te haga sentir más cómodo. Muchas personas tienen resistencia hacia la *alabanza*, por ejemplo. El significado de *alabanza* es la acción de apreciar y los profundos efectos de cada parte de la faceta, incluyendo la *alabanza*, llegan mucho más lejos que las reacciones de nuestra mente hacia ella. Y cualquier resistencia que podamos sentir se disolverá a medida que continuemos practicando.

El proceso de practicar las facetas lo denominamos unificación. Hay dos maneras de unificar: con los ojos abiertos y con los ojos cerrados. Unificar con los ojos cerrados es la forma más intensa de hacerlo, ya que esto te lleva profundamente dentro de la experiencia del amor-conciencia.

Puedes pensar esta faceta con los ojos abiertos cuando lo desees, en cualquier situación. Para maximizar los resultados, piénsala cada vez que lo recuerdes: mientras te estás cepillando los dientes, ejercitándote en el gimnasio, viendo televisión o esperando en la fila del banco. Cada vez que usas las facetas, estás trayendo tu atención completamente al momento presente y conectándote con el amor-conciencia. Cuando estás presente en el momento, las proyecciones y miedos que nublan tu ventana de la percepción comienzan a disolverse. Empiezas a ver con nuevos ojos.

Encontrarás que todas las áreas de tu vida se beneficiarán con la unificación. Hacerlo durante el día con los ojos abiertos te aportará una mayor claridad mental, una experiencia profunda de paz y, como resultado, autoconfianza. Serás más eficiente, más relajado y menos estresado en cualquier situación, tan sólo por usar las facetas con los ojos abiertos. Muchas personas han descubierto que usar las facetas con los ojos abiertos les ayuda a concentrarse mientras estudian o trabajan; se vuelven más eficientes logrando más en menor tiempo.

Esta noche, antes de dormir, unifica durante veinte minutos con los ojos cerrados. Lo puedes hacer sentado o acostado; practica en cualquier posición que sea cómoda para ti. Puedes comenzar practicando por una hora al día con los ojos cerrados, en dos sesiones de media hora o tres sesiones de veinte minutos. A medida que vayas aprendiendo en este libro las otras facetas sabrás cómo incorporarlas en esta hora.

¿Qué puedes sentir mientras estás unificando?

¿Cómo te sentiste mientras estabas unificando? Tal vez te sentiste en paz y relajado. Es posible que hayas tenido muchos pensamientos o casi ninguno. Quizás sentiste alegría, tristeza o incluso un poco de rabia. Probablemente tuviste recuerdos de tu niñez o sentiste energía recorriendo tu cuerpo. Tal vez sentiste dolor en alguna parte de tu cuerpo que estuvo enferma o lesionada. Es probable que hayas sentido sueño. Quizás no sentiste nada. Pueden ocurrir muchas cosas cuando nos unificamos, y por ahora, sólo es importante saber que todo lo que experimentaste es perfecto. No hay que buscar una experiencia específica cuando nos unificamos, sólo abracemos todo lo que suceda naturalmente. Las experiencias que se describen a continuación son comunes para aquellos que son nuevos practicando la unificación.

> Recuerda pensar la faceta... Alabanza al amor por este momento en su perfección. Atención: profundamente en tu corazón.

EMOCIONES CONTRARIAS A LA FACETA

Mientras practicas una faceta puedes sentir exactamente lo opuesto a lo que la faceta representa, pero esto no impide los cambios que están teniendo lugar muy profundo dentro de ti. Cuando estás usando la primera faceta, por ejemplo, puedes sentir resentimiento o frustración por tus circunstancias actuales. No luches con esto, si está sucediendo, es importante que no trates de controlar las sensaciones y emociones que surgen.

AUMENTO DE LA SENSIBILIDAD

Otra posibilidad es que experimentes un aumento de tu sensibilidad mientras unificas. Puede que te hagas más sensible al ruido, por ejemplo, o a los olores. Este estado de alerta incrementado es el resultado de la expansión del amor-conciencia. A medida que te conviertes en más conciencia, te vuelves cada vez más atento a los aspectos sutiles del mundo que te rodea. Esto también es perfecto.

DOLOR FÍSICO

Puede que sientas dolor en el cuerpo cuando estás unificando. Tus músculos pueden dolerte porque la tensión acumulada está siendo liberada. Es posible que revivas síntomas o dolores de enfermedades o lesiones que hayas padecido. Esto no quiere decir que la lesión o enfermedad está reapareciendo; al contrario, significa que se está completando la sanación que previamente quedó inconclusa, y el resultado será mejor salud y mayor bienestar físico. Sólo sigue unificando y recuérdate que estás sanando. La incomodidad, sin duda, se irá rápidamente y retornarás a tu estado de paz y calma.

SED

Posiblemente sientas sed durante y después de la unificación. Es importante que bebas mucha agua cuando unificas, para ayudar a remover las toxinas que están siendo liberadas. Después exploraremos esto con más profundidad.

El primer paso en el camino

Aunque había estado meditando por muchos años, a través de la práctica de la primera faceta me di cuenta de cuán ciega estaba realmente a la pura maravilla y belleza del mundo. Cuando vivía en Melbourne, Australia, acostumbraba caminar con mi perro por la orilla del mar. Eternamente ocupada y atareada, corría muy apresurada con su correa alrededor de mi brazo, mi teléfono celular apretado entre mi mandíbula y mi hombro, hablando frenéticamente, con un cigarrillo en una mano y un café en la otra.

> Recuerda pensar una faceta mientras lees...
> Alabanza al amor por este momento en su perfección. Atención: profundamente en tu corazón.

Cuando comencé a experimentar el amor-conciencia, un día estaba paseando a mi perro sin mis accesorios habituales. Repentinamente oí un sonido repetitivo y desconocido. Me detuve y escuché. Era un sonido que nunca había oído, el sonido de las olas del mar rompiendo en la orilla.

Éste fue un momento de un intenso darme cuenta. ¡Yo había paseado a mi perro a lo largo de esta orilla de playa, cada día, por cinco años, y hasta ahora nunca oí el sonido del mar! Yo había estado tan perdida en mis pensamientos, mis preocupaciones y mis ansiedades que había estado completamente sorda al llamado del mar. En ese momento me di cuenta de que yo nunca había estado en el momento presente.

Normalmente nuestros pensamientos nos llevan hacia fuera en forma constante, perdidos en preocupaciones por el futuro o en arrepentimientos por el pasado. Estamos tan inmersos en el intelecto que nunca estamos con nosotros mismos lo suficiente para darnos cuenta de que todo lo que buscamos tan desesperadamente ya está aquí.

Esta faceta es el primer paso en el camino a vivir en el presente. A medida que empezamos a expandir el amor-conciencia, aprendemos a abrazar el ahora, en lugar de tratar frenéticamente de cambiar y controlar todo en nuestras vidas. Aprendemos a fluir dentro de la experiencia siempre cambiante de la vida.

El poder de la elección

Siempre he estado fascinada por dos trabajadores municipales que cuidan los jardines que bordean la ribera de Santiago de Chile. Su historia ilustra perfectamente lo mucho que perdemos por aferrarnos a las ideas de nuestros intelectos, y lo mucho que podemos ganar dejando ir el depotrique de la mente y anclándonos en nuestra experiencia de amor-conciencia.

Uno de los trabajadores municipales es una anciana. Ella es una expresión de gracia pura. Tiene rasgos y postura refinados. La pregunta ¿por qué está ella trabajando aquí? viene a mi mente cuando la veo. En principio, ella parece fuera de lugar, pero pronto te das cuenta de que pertenece a cualquier lugar. Tiene una serenidad, una paz interna que irradia a través del jardín como la luz del sol. Es tan amorosa en su trabajo que es como si estuviese acariciando las hojas cuando las barre. Los corredores en el camino pasan desapercibidos frente a ella como una brisa: nada puede ensombrecer su momento o distraerla de su trabajo.

El otro jardinero es un hombre viejo a quien el tiempo ha lastimado a tal punto que es imposible para él estar presente consigo mismo en algún momento. Él corre apresurado por todo el camino con una bolsa de hojas en su mano, mirando constantemente el reloj, sudando profusamente, distraído en sus propias compulsiones. Y cuando me ve, frenéticamente me hace la misma pregunta de forma habitual, cada día. Me mira con desesperación y pregunta: "Señora, señora, ¿qué hora es?" Yo siempre le respondo, pero él nunca espera para escuchar: se va de prisa antes de poder oírme y le pregunta lo mismo a la próxima persona a su paso. Él no quiere la respuesta, sólo quiere estar en cualquier parte, menos consigo mismo. Persiguiendo el tiempo, persiguiendo las respuestas, evitando ser, a tal punto que se ha vuelto un poco loco.

La diferencia entre estas dos personas es manifiesta. Una es la pintura perfecta de la persona que vive en unidad; la otra, un retrato perfecto de alguien que está atrapado en la *matrix* de la mente. Ambas personas están en el mismo lugar, haciendo lo mismo. Pero no es lo que están haciendo lo que gobierna su felicidad, más bien, es lo que están *siendo*. Cada vez que piensas una faceta, estás eligiendo lo que quieres ser. Estás eligiendo ser el amor, en lugar de identificarte con los disturbios interminables de la mente.

Mantener tus sueños

En principio, vivir en el momento y lograr tus sueños puede sonar un poco contradictorio. ¿Cómo podemos enfocarnos en nuestras metas sin irnos hacia el futuro? Pero vivir en el momento no significa que no planeemos nuestras vidas; simplemente significa que soltamos las inquietudes y preocupaciones que nos impiden abrir nuestras alas y descubrir la libertad del vuelo.

Normalmente las limitaciones de la mente nos impiden lograr nuestros sueños. Pero cuando renunciamos a nuestros patrones de pensamientos basados en miedo, nuestros sueños espontáneamente se transforman en nuestra realidad. Al eliminar la idea de que hay algo malo con este momento, esta faceta sacude las bases de nuestros miedos subconscientes. Luego todo el edificio de la autodesconfianza y separación que hemos construido a través de nuestras vidas cae en un montón de escombros. Ya no estamos reprimidos por los límites de nuestro pasado y nada nos detiene para alcanzar nuestros sueños.

Había una vez un niño cuyo padre era un pobre entrenador de caballos que si bien disfrutaba de su trabajo apenas hacía suficiente dinero para mantener a su familia. Un día al niño le asignaron en la escuela la tarea de escribir sobre lo que le gustaría ser cuando creciera. Esa noche, muy emocionado escribió un ensayo de siete páginas, describiendo su sueño de ser, algún día, dueño de su propia caballeriza para así poder criar sus caballos. Él escribió su ensayo con sumo cuidado y atención a los detalles. Incluso dibujó un plano de la tierra y la casa que soñaba poseer. Puso todo su corazón en este proyecto.

Al día siguiente le entregó su proyecto a su profesor. Cuando lo recibió de vuelta, había sido calificado con una F, y su profesor había escrito en la parte superior del ensayo, en letras rojas: "Véame después de la clase".

El niño se quedó luego de que el timbre de salida había sonado y le preguntó a su profesor: "¿Por qué me colocó una F?"

El profesor replicó: "Tu ensayo describe un futuro irrealista para un niño como tú. Tú no tienes dinero y tu familia es pobre. No tienes recursos para comprar tu propia caballeriza. Tendrías que comprar la tierra y todos los implementos necesarios y, encima de eso, tendrías que mantener los costos. No hay forma de que puedas lograr eso. Sin embargo, si tú reescribes el ensayo con un objetivo más realista, reconsideraré tu nota".

El joven fue a casa y lo pensó por largo tiempo. Inclusive le preguntó a su padre qué debería hacer. Su padre le respondió: "Mira, hijo, tienes que decidir por ti mismo. Ésta es una decisión importante, y yo no puedo tomarla por ti."

Después de considerarlo durante una semana, el chico entregó el mismo ensayo sin ningún cambio, diciéndole al profesor:

"Usted puede mantener su mala calificación. Yo voy a mantener mi sueño."

Pasaron muchos años. Un día, el profesor, ahora próximo a la jubilación, llevó a un grupo de treinta niños a visitar una famosa caballeriza que criaba algunos de los caballos más espectaculares del país. ¡Él se asombró cuando conoció al dueño, se dio cuenta de que era el mismo joven a quien le había colocado una F!

Antes de marcharse, el viejo profesor le dijo al dueño de la caballeriza: "Cuando era tu profesor, hace muchos años, yo era un ladrón de sueños. Por años les robé sus sueños a los niños. Afortunadamente, tú te las arreglaste para mantener los tuyos."

El intelecto dice: ¡Tú nunca serás dueño de una caballeriza! ¿Dónde conseguirás el dinero? Estás perdiendo tu tiempo en un sueño imposible. ¡Sé más realista!

El amor-conciencia funciona diferente. Viene del corazón. En lugar de quedarse ahogado en el pensamiento, él confía. Confía en el corazón.

¿Quién te dijo que no podrías realizar tus sueños? Tal vez fue tu padre o tu madre. O tal vez fue tu profesor de la escuela, como sucedió con el joven de la historia.

Al comenzar a practicar las facetas que estoy compartiendo contigo, encontrarás que las creencias limitantes que han gobernado tu pasado empiezan a caer sin ningún esfuerzo de tu parte. Te encontrarás viviendo desde el amor-conciencia, en vez de vivir condicionado por tus pensamientos y emociones.

Comenzarás a vivir tus sueños.

La puerta de la abundancia

Cuando usamos la primera faceta, abrazamos la plenitud del presente. Irónicamente, cuando empezamos a experimentar esta completitud interna y ya no sentimos más nuestros deseos previos, comenzamos a crear lo que siempre habíamos querido en nuestras vidas. Nuestro alrededor empieza a espejar nuestra plenitud interior y todo fluye hacia nosotros en abundancia: relaciones amorosas, riqueza material, oportunidades profesionales, mejor salud. Cada área de la vida crece y madura a medida que nuestra experiencia de unidad se expande.

> Recuerda pensar una faceta... Alabanza al amor por este momento en su perfección. (Atención: profundamente en tu corazón)

Amor-conciencia es la experiencia más magnética en el universo. Automáticamente atrae todo hacia sí, desde un lugar de inocencia. En vez de limitar nuestros sueños a una idea fija acerca de lo que necesitamos para ser felices, a medida que nos volvemos conscientes de la unidad, nos abrimos a la emoción de lo impredecible, confiados en la sabiduría de que el universo nos proveerá con la magia que supera, con creces, los límites de nuestra imaginación. Abrazamos nuestros proyectos y metas con una pasión dichosa, pero sin la ansiedad ni la impaciencia obsesiva que anteriormente avivaba nuestros deseos. Cuando estamos completos dentro de nosotros mismos, verdaderamente podemos disfrutar toda la abundancia del universo, sin el miedo a la pérdida que acostumbraba estar al acecho bajo la superficie.

Enfócate en lo que quieres, pero luego suelta. Usa las facetas para abrazar la magia del ahora, regocijándote en lo que tienes, y tus sueños se volverán realidad. Luego, cuando se cumplan, tan sólo se añadirán a tu alegría, en lugar de ser la condición de la cual depende tu felicidad.

Más allá del análisis

En la sociedad moderna hemos aprendido a analizar todo. Desde nuestros pensamientos y emociones hasta nuestras acciones y decisiones, el intelecto escudriña nuestras experiencias de vida con meticulosa y a menudo obsesiva repetición, dando vueltas interminablemente alrededor de las circunstancias en las cuales nos encontramos. Pero este análisis constante, cuando se ha convertido en un hábito compulsivo, sólo sirve como una distracción, alejando nuestra atención de la alegría que está presente en cada momento. Cuando estamos unificando pueden surgir pensamientos negativos y banales, emociones y sensaciones, pero tú no necesitas analizarlos. Estas experiencias son los viejos hábitos que se están cayendo a medida que elevamos nuestra conciencia: sólo siéntete feliz de que se están yendo y retorna a la faceta.

El intelecto ama diseccionar la experiencia humana, pero el amor-conciencia es diferente: sólo atestigua, sin expectativas. Cuando estés unificando, tu experiencia cambiará constantemente: habrá pensamientos, habrá emociones. Solamente permite que todos pasen; déjalos cambiar y moverse como lo hacen las estaciones durante el año.

No comiences a pensar: *"¿Por qué está lloviendo hoy, cuando estamos en mitad del verano?"* Está lloviendo porque está lloviendo, y es perfecto que llueva; todos los días no tienen por qué ser soleados. Si hay una ola de calor en medio del invierno, eso también es perfecto. Simplemente es. Acepta tus experiencias como lo haces con el clima: sólo abrázalas en cada momento, siéntelas un ciento por ciento. No te quedes enganchado en los *por qué, para qué* y los *cómo es posible*. Cada día será diferente. Abraza los cambios y di: *"Me siento triste en este momento. Esto está bien."* O: *"Estoy feliz en este momento. Fantástico."* Lo que sea que suceda naturalmente es perfecto.

La mente tratará siempre de analizar, de comprender y evaluar cada situación, porque necesita desesperadamente mantenerse entretenida. *¿Estoy usando las facetas apropiadamente? ¿Estoy dejando que mis pensamientos me afecten demasiado? Creo que no estoy progresando lo suficientemente rápido... ¡Ay, no, yo no estoy creciendo espiritualmente para nada! ¡Todos están creciendo más rápido que yo! ¡Mira, cuánto han crecido todos ellos!* Éstos sólo son los juegos de la mente. No te quedes enganchado en este tipo de pensamientos. Porque en el momento en que lo haces, se convierten en un apego. Si simplemente los miras pasar, sin tomártelos seriamente, no te causarán ningún sufrimiento.

Estamos muy apegados a nuestros pensamientos. Pensamos que *somos* nuestros pensamientos, pero no lo somos. Pensamos que nuestros pensamientos son reales, pero si los observas, verás cuán contradictorios son.

Nuestros pensamientos siempre están cambiando. La mente danza incesantemente de un extremo a otro, yendo a un lado, luego al otro. No hay estabilidad en nuestros pensamientos. La libertad viene cuando aprendes sólo a mirarlos pasar.

Siempre estamos creciendo; siempre estamos avanzando, aunque no lo puedas ver. Incluso si piensas que estás peor que nunca en tu vida, cuando usas las facetas, te estás moviendo siempre hacia una mayor conciencia. Algunas veces parecerá que las situaciones o hábitos en tu vida empeoran, pero lo único que está sucediendo es que tu universo está abriéndote los ojos a un lugar donde puedes deshacerte de tus apegos y ser más completo y libre.

Cuando tu experiencia interna comienza a crecer, empiezas a verte más claramente a ti mismo y a tus creencias limitantes. Empiezas a ver: *¡Ah! Yo caigo en esta trampa una y otra vez.* Pero no se trata de calcular o comprender. Si se supone que tienes que entender algo, esto será muy claro para ti. La clave es sólo sentir y ser inocente. No analices; la forma más segura de hacer lento el proceso es intelectualizarlo todo.

Un filósofo había estado ponderando sobre la existencia de Dios por muchos años, tratando de entender la divinidad. Viajó por todo el mundo, discutiendo profundamente con teólogos, sacerdotes, ministros, rabinos... con todo aquel que él pensaba podía tener una clara comprensión del Todopoderoso. Un día él estaba caminando por la playa, perdido en sus pensamientos, tratando de entender a Dios en toda su complejidad. Pasó cerca de un niño que estaba cavando un hoyo en la arena. El niño cautivó su curiosidad (se preguntó por qué diablos el chico estaba cavando un hueco tan profundo). El chico excavó y excavó y excavó, hasta que hizo un gran hoyo. Luego corrió al océano, tomó agua entre sus manos, y corrió de vuelta para colocarla en el hueco.

Finalmente esto sobrepasó al filósofo. Se acercó al chico y le preguntó: "¿Por qué estás tomando agua entre tus manos y la estás poniendo dentro de este hueco?"

"Estoy haciendo lo mismo que tú", replicó el chico. "¡Estoy tratando de meter el océano en este hueco, de la misma forma en que tú estás tratando de meter a Dios en tu cabeza!"

Esto es lo que nosotros tratamos de hacer: intentamos tomar la unidad y entenderla dentro de los confines de la dualidad; pero eso es imposible. Mientras más rápido dejes ir la necesidad de entender y te abras a recibir tu verdadera esencia, más rápido encontrarás las respuestas, porque ellas vendrán de tu corazón, vendrán de tu esencia, vendrán de adentro de ti.

Viviendo desde el corazón

El corazón ve más allá de las comparaciones y los juicios de la mente. Es capaz de abrazar todo en su perfección, exactamente como es. Tal nivel de aceptación es difícil de captar para el intelecto, porque trasciende el pensamiento lógico.

Percibir desde el amor-conciencia es lo opuesto a percibir desde el intelecto. El intelecto percibe dualidad, mientras que el amor percibe unidad. El intelecto percibe bueno y malo, correcto y equivocado, mientras que el amor acepta y abraza todo.

Quiero hablar, por un momento, sobre la perfección. Nosotros sostenemos una noción idealizada de lo que es perfección, como si fuese algo lejano e inasequible, un ideal de santidad solamente logrado por unos pocos. Esto hace de la perfección una meta aparentemente inalcanzable por la cual debemos esforzarnos. Pero la perfección no es algo así.

La perfección es amor incondicional. Implica dar sin ataduras, viviendo sin juicios y percibiendo la belleza en todo. No tiene nada que ver con ideas moralistas.

Para ser perfectos, sólo se requiere que nos aceptemos a nosotros mismos en este momento. *No* hay condiciones previas para sentirnos plenamente aceptados; nos abrazamos nosotros mismos tal como somos. *Alabanza al amor por este momento en su perfección.*

Cada vez que piensas esta faceta, estás eligiendo la unidad, la libertad, el amor. Piénsala cada vez que lo recuerdes. Pronto te darás cuenta de que siempre es mucho más productivo pensar una faceta que los otros incontables pensamientos contradictorios que luchan constantemente por tu atención. Vamos a pensarla de nuevo ahora:

Alabanza al amor por este momento en su perfección.

Recuerda poner tu atención suavemente en lo profundo de tu corazón, a medida que piensas la frase. No olvides pensar la faceta mientras continúas leyendo, y es más, en tantos momentos de tu vida como sea posible. Ésta no es una enseñanza para tener un entendimiento intelectual, es para experimentar la unidad. Es a través de la práctica que haremos de ésta una experiencia permanente.

Descubriendo la perfección

Como nosotros percibimos el mundo a nuestro alrededor es reflejo de nuestro ser interno; lo externo espeja lo interno. Por ejemplo, cuando te sientes lleno de amor, tu mundo refleja este amor. Tu pareja, tus amigos y tus actividades espejan el amor. Pero si te sientes vacío por dentro, nada afuera será capaz de satisfacerte.

La perfección se trata de ver con los ojos del corazón, viendo nada más con un amor irrefrenable e incondicional, sin importar cómo luzcan las circunstancias externas. Cuando la gente ve de esta manera, la vida entera se transforma en una hermosa experiencia. Esto es porque la plenitud, la paz, la dicha y el amor no tienen nada que ver con nuestras circunstancias físicas. Son estados internos, en los cuales entramos, no son metas a ser logradas.

La Intendencia de Montevideo, en Uruguay, conoció el Sistema Isha y me invitó a ofrecer un seminario de servicio social para unas trescientas personas discapacitadas. El evento tuvo el apoyo oficial y también recibió el patrocinio de algunas empresas de autobuses que trajeron personas de todo el país. Los participantes venían en sillas de ruedas, algunos con Síndrome de Down o con autismo, otros ciegos o sordos. Fue un honor poder compartir el Sistema Isha con este grupo de personas, porque apreciaron muchísimo el poder participar en el seminario.

Recuerda pensar una faceta…

Una de las participantes nació sin brazos ni piernas. Para la mayoría de nosotros esto sería una tremenda desventaja. Pero ¿esta mujer estaba limitada por su discapacidad? No. Cuando la conocí, ella acababa de obtener su título de abogada y estaba emocionada de ejercer su carrera próximamente.

La pasión y la presencia dichosa de esta mujer me conmovieron profundamente. Ella irradiaba una felicidad que yo no había visto en muchas personas. Claramente ella conocía una felicidad que es poco frecuente en el mundo. Su corazón estaba enfocado en la belleza de cada momento y de su creatividad derivaba una gran alegría. Yo estaba tan conmovida por cuán presente estaba ella que le pregunté: "¿Sabes que eres perfecta exactamente como eres?

Ella me miró con una sonrisa lo suficientemente amplia para llenar todo el auditorio. "Sí, Isha, yo sé que soy perfecta exactamente como soy", respondió. Las lágrimas llenaron mis ojos.

Puede parecerte extraño que alguien con lo que nosotros percibimos como una discapacidad severa pueda ver la perfección en sí misma, pero he encontrado que cuando vemos la vida a través de la lente del amor-conciencia, hay perfección en todo. Estar entre gente que estaba experimentando esta perfección a pesar de sus aparentes discapacidades, fue una experiencia inspiradora. ¡Era tan claro para mí que no había nada malo con ninguno de ellos! En lo que la mayoría de las personas catalogarían como una imperfección sorprendente, había de hecho una maravillosa perfección.

Aquello en lo que nos enfocamos, crece. Cuando nos enfocamos en el amor, nos transformamos en más amor. Cuando nos enfocamos en el miedo, nos volvemos más temerosos. Similarmente, si nos enfocamos en nuestras limitaciones, nos tornamos más limitados, y cuando percibimos las cosas como algo "malo", nunca aparecerán como correctas.

Alabanza al amor por este momento en su perfección nos invita a ver la realidad mucho más profundamente de lo que jamás hemos imaginado. Nos invita a ver desde una perspectiva de unidad en la cual no hay nada más que amor. Nos pide que le permitamos a este amor fluir dentro de cada aspecto de nuestras vidas. Simplemente practicando esta faceta el amor comenzará a manifestarse, sin que tengamos que hacer nada. El amor es lo que nosotros somos y la faceta sencillamente lo abre.

Capítulo 2

La segunda faceta:

Aceptando lo que es, sin juicios

Un joven entró a una villa cargando una pesada maleta. Sentado en una roca estaba un anciano fumando una pipa. "¿Cómo es la gente de esta villa?, preguntó el joven.

"¿Cómo era la gente de la villa de donde tú vienes?", replicó el anciano. "Era gente muy desagradable: deshonestos, ladrones, desagradecidos y rencorosos. Siempre estaban peleando entre ellos y tratando de aprovecharse de los otros. Chisme y resentimiento eran comunes entre ellos. Por eso estoy preguntando, antes de entrar, ¿cómo es la gente de este pueblo?

El anciano suspiró y dijo: "Creo que no vas a encontrar mucha diferencia aquí. La gente de este pueblo es exactamente igual a la gente de la villa de donde tú vienes."

"Entonces creo que continuaré mi viaje hasta la próxima villa", dijo el joven y tomó su maleta y se marchó por el mismo camino.

"Adiós", dijo el viejo y volvió a fumar su pipa.

Después de un tiempo, otro joven llegó a las puertas de la villa.

"¿Cómo es la gente de esta villa?", preguntó.

"¿Cómo era la gente de la villa de donde tú vienes?", dijo el anciano.

"La gente de mi villa era muy agradable. Siempre estaban dispuestos a ayudarse unos a los otros, y el amor y la compasión eran lo común entre ellos. Siempre podías encontrar un amigo dispuesto a escuchar tus problemas. Me entristeció tener que dejarlos. ¿Cómo es la gente de esta villa?"

"Aquí no encontrarás mucha diferencia. La gente de esta villa es exactamente igual a la gente de tu pueblo. Bienvenido." Y el joven entró a la villa.

Buscando fuera de nosotros mismos

Como adultos, la rigidez basada en el miedo, que remplazó nuestra inocencia innata, nos mantiene en el rol de la victimización. Tal como el primer joven de la historia, no asumimos la responsabilidad por nuestra insatisfacción. Es mucho más fácil culpar al mundo a nuestro alrededor. Es más fácil culpar a los políticos, a nuestros padres, a la iglesia, a la contaminación, a nuestros jefes y así sucesivamente. Es mucho más fácil colocar la culpa afuera, porque eso es lo que hemos hecho toda nuestra vida.

Podemos apoyar a un partido político diferente, convertirnos a una nueva fe, mudarnos de ciudad, cambiar nuestras circunstancias externas hasta el infinito, pero en realidad nunca nada cambiará. El afuera es sólo un espejo de nuestro propio descontento.

Debido a que estamos plagados de ansiedad —muchos casi hasta el punto del pánico— siempre buscamos un alivio. Esperamos algo que pueda parar el quejido implacable de nuestros pensamientos. Algunos, buscando el amor fuera de sí mismos, procuran alivio sexualmente, teniendo sexo casual con un interminable desfile de personas. Otros lo hacen tomando copiosas cantidades de alcohol, comiendo compulsivamente o consumiendo drogas. Tal vez trabajar obsesivamente, intentar alcanzar logros, perseguir la elusiva zanahoria del éxito sea tu forma de alivio. O tal vez vas de compras como un escape, eres adicto a la televisión o a la internet.

No estoy sugiriendo que hay algo malo con alguna de estas actividades, pero ninguna de ellas te llena verdaderamente y nunca lo hará. La plenitud, la paz, la dicha y el amor no vienen de afuera. Lo único que puede llenar el corazón humano es el amor-conciencia, y nosotros lo hemos abandonado. Cuando estamos anclados en esa experiencia, automáticamente encontramos plenitud. Descubrimos una paz y una dicha internas que nunca cambian y están siempre presentes, siempre llamándonos a casa.

Hasta que abrazamos el amor-conciencia somos totalmente inconscientes de la vida, incapaces de ver más allá de los límites de nuestras diminutas cajas intelectuales; pensamos que ellas son quien somos. Aun si nos mudamos a un nuevo ambiente, llevamos nuestro pequeño mundo con nosotros y nada cambia.

La pérdida de la inocencia

¿Alguna vez has visto a un niño construyendo castillos de arena en la playa? Es una delicia mirarlos, totalmente absortos en lo que hacen. Corretean llenando sus baldes y haciendo sus castillos más y más altos. Cuando finalmente los han levantado en toda su gloria, esperan con emoción a que venga la marea y los derribe. Luego ellos felizmente comienzan de nuevo a construir otro castillo.

Acaso crees que antes de comenzar a construir, ellos pensaron: ¡Oh no, no deberíamos construir aquí, la marea vendrá y lo destruirá! No, no es así como ellos piensan. ¿Hay angustia cuando vienen las olas? No. Sólo la emoción del nuevo proyecto, un nuevo momento, ya que ellos intuitivamente abrazan la creación y la destrucción como partes naturales de la vida.

Todos fuimos niños. Todos alguna vez abrazamos la inesperada oleada precipitándose, aceptando la destrucción de lo que estuvo antes como una parte natural de la vida, permaneciendo abiertos a la magia de lo desconocido que nos aguarda en cada esquina. Como adultos, por otro lado, la mayoría de nosotros trata de preservar las paredes de los castillos de arena a toda costa, en un vano intento por proteger nuestros logros y posesiones de la incertidumbre del mundo. Pero no importa cuán rígidas sean esas paredes, la ola de la vida eventualmente vendrá y barrerá con todo.

La pérdida de la inocencia es una de las grandes tragedias de la humanidad.

Cuando somos adultos, nuestra percepción del mundo está tan manchada por el sufrimiento que hemos experimentado que no somos capaces de ver las cosas de

Piensa la faceta

una forma nueva o abrazar la belleza del presente. Esta pérdida de inocencia se chupa perpetuamente la magia de nuestra experiencia diaria. Nos percibimos frágiles, vulnerables. Percibimos nuestra humanidad como llena de defectos y debilidades, y tratamos de contener nuestra aparente fragilidad dentro de una falsa ilusión de control.

Durante la temprana infancia comenzamos a adoptar los miedos y restricciones de aquellos que nos rodean. Nos volvemos limitados, necesitados y dependientes del afuera a cambio de aprobación y apoyo. Vemos a nuestros padres, nuestros abuelos y a todos a nuestro alrededor, y aprendemos los códigos de manipulación que debemos usar para recibir lo que queremos. Aprendemos cuáles son las emociones apropiadas y qué respuestas recibiremos cuando mostremos esas emociones. En pocas palabras, aprendemos lo que funciona y lo que no funciona para obtener lo que deseamos.

A medida que vamos creciendo, llevamos estos comportamientos al salón de clases y los usamos con nuestros compañeros. Aprendemos cuándo mentir y cuándo decir la verdad. Aprendemos qué esconder, qué decir, qué es apropiado, qué es cortés, lo que nos debería gustar, por quién debemos votar... en síntesis, aprendemos cómo complacer a nuestro entorno para adquirir lo que queremos.

O nos vamos al otro extremo. Hacemos pataletas, teñimos nuestro cabello de púrpura y nos volvemos rebeldes. Si nuestros padres son conservadores, nos convertimos en liberales. Arrastramos a casa los novios y novias más inapropiados que podemos encontrar y que nuestra familia no aprobaría, y acogemos todo aquello que pueda causar un mayor escándalo, siendo contrarios en todas las áreas de nuestra vida para recibir atención.

Entonces, usualmente hay dos tipos de personas: los conformistas, o la "buena" chica o "buen" chico, y el rebelde, o niño salvaje. Pero no importa cuál de estas identidades adoptemos, todos estamos clamando por el amor y la aprobación del mundo exterior.

Encontrando plenitud más allá de lo material

Había una vez un hombre pobre que acostumbraba rezar pidiéndole a Dios un tesoro que lo hiciera rico. Una noche, en un sueño, escuchó una voz que le dijo: "Mañana un monje pasará por tu casa pidiendo comida. Él tiene el tesoro que tú buscas. ¡Pídeselo!"

Al día siguiente, un monje tocó a su puerta y le pidió algo de comer. El hombre recordó el sueño y dijo: "Anoche, una voz extrañamente familiar me habló en un sueño. Me dijo que un monje pasaría por la villa a mediodía y que él cargaba el tesoro con el que he soñado por largo tiempo. Me dijo que se lo pidiera. Entonces, ¡dame el tesoro que me hará rico!"

El monje hurgó dentro de su hábito y sacó un diamante brillante, el más grande del mundo. Dijo: "¿Es éste el tesoro del que hablas? Lo encontré en el bosque. Aquí tienes, tómalo." El hombre agarró la piedra con mucho gusto y agradeció al monje, quien después de comer, siguió su camino.

Esa noche, el hombre no pudo dormir con miedo de perder su nuevo tesoro.

"Esta casa no es segura: cualquiera puede forzar la entrada y robar mi tesoro", pensó. "No puedo reforzarla porque no tengo dinero. Tal vez pueda vender el diamante, pero en esta villa tan pobre, ¿quién tendrá dinero para comprármelo? Si viajo para venderlo en alguna otra parte, podrían asaltarme."

A la mañana siguiente, cuando despertó, rápidamente tomó el diamante y salió apresurado por el camino que el monje había seguido. Después de correr por horas, finalmente encontró al monje, tranquilamente sentado debajo de un árbol, contemplando la naturaleza con una expresión de perfecta paz.

"Vine a devolverte tu diamante", jadeó el hombre. "Me di cuenta de que éste no es el tesoro que yo busco. Lo que yo verdaderamente necesito es el diamante que tú tienes dentro, que te permite desapegarte, sin sufrimiento, de tan valiosa joya."

El hombre de la historia vio en el monje algo mucho más valioso que un diamante. Vio el desapego y la plenitud interior. Cuando experimentamos esta completitud interna, soltamos nuestras ideas acerca de lo que necesitamos para ser felices. Cuando dejamos de creer en las nociones del intelecto sobre cómo deben lucir las cosas, redescubrimos la magia de lo desconocido. Entonces nos encontramos de pie en una habitación sin paredes, con nuestros corazones abiertos a recibir la abundancia del universo. Finalmente tenemos el tesoro más grandioso de todos: ser libres del miedo y percibir con inocencia la perfección en todo.

Abrazar la experiencia humana

Los adultos pasamos la mayor parte del tiempo juzgando y calculando lo que está mal en el exterior. Tenemos ideas acerca de cómo debe comportarse la gente, sobre cómo *nosotros* necesitamos comportarnos, tenemos tantas normas y reglamentos que gastamos gran parte de nuestro tiempo luchando para tratar de funcionar dentro de nuestra esfera social. Siempre estamos comparando y categorizando todo y a todos a nuestro alrededor, siempre tratando de encajonarnos en una forma de ser "ideal".

Hemos aprendido a culpar a nuestra experiencia humana de ser la fuente de nuestro descontento. Fundamentalmente creemos que hay algo malo con ella.

Hemos aprendido a juzgar nuestros pensamientos, sentimientos y emociones. Hemos aprendido a juzgar a nuestros compañeros y amigos, a nuestros padres e hijos, a nuestros líderes políticos y religiosos; nuestra situación financiera, las condiciones ambientales, ciertos grupos étnicos, nuestras preferencias sexuales. Hay tantos aspectos de nuestra experiencia humana que hemos aprendido a juzgar, que sería más rápido hacer una lista de las cosas que no juzgamos.

Y no olvidemos los juicios que tenemos acerca de nuestros cuerpos. La sociedad moderna está cada vez más obsesionada con la juventud y la belleza física. A medida que luchamos con la balanza, las arrugas y las canas, estamos luchando contra la ilusión del tiempo.

La segunda faceta nos ayuda a elevarnos por encima de estos juicios y quejas del intelecto para abrazar el mundo a nuestro alrededor con inocencia y dichosa aceptación.

Desde la percepción del amor-conciencia, no hay nada malo. El momento presente vibra en la unidad; no hay dualidad cuando estamos anclados en el aquí y ahora. Cuando experimentamos el amor-conciencia, nos damos cuenta de que todo es perfecto exactamente como es.

Pero no me malinterpretes: esto no significa que no queramos mejorar nuestra situación y crecer como personas. La evolución es la naturaleza de la vida y todo está siempre avanzando; pero si escogemos abrazar la belleza de lo que está sucediendo ahora, en lugar de enfocarnos en lo que percibimos como malo, el amor crecerá, y no el miedo. Al hacerlo, incrementamos cada vez más nuestro poder para hacer cambios positivos en nuestras vidas. Cuando entramos más y más profundo en la experiencia del amor-conciencia, nuestras circunstancias externas se tornan cada vez más enriquecedoras y satisfactorias.

La segunda faceta

En la segunda faceta usamos la emoción de la gratitud, que surge como derivado natural del aumento de nuestra capacidad de apreciar.

Gracias al amor por mi experiencia humana en su perfección.

Mientras estás pensando la última parte de la frase, *en su perfección*, lleva tu atención suavemente profundo dentro de tu corazón. Vamos a pensar la segunda faceta, sin concentración ni esfuerzo de ningún tipo, a medida que continuamos. Por favor, no confundan esta frase con pasividad. Abrazar las cosas tal como son no es ser pasivos. Simplemente estamos escogiendo enfocarnos en el amor en este momento, abrazando la vida en este momento. Estamos haciendo algo diferente, cambiando nuestra actitud interna, para enfocarnos en el amor. Luego nuestro entorno reflejará ese amor de vuelta hacia nosotros.

¿Cómo practicar la segunda faceta?

1. Siéntate cómodamente y cierra tus ojos. Deja pasar cualquier pensamiento que venga a tu mente. Recuerda que son perfectos cualesquiera de los pensamientos que vengan naturalmente.
2. Piensa la segunda faceta: *Gracias al amor por mi experiencia humana en su perfección.* Piénsala sin ningún esfuerzo, igual que cualquier otro pensamiento.
3. A medida que piensas la última parte de la frase, *en su perfección*, lleva tu atención profundamente dentro de tu corazón.
4. Después de pensar la faceta, haz una pausa. Luego de unos instantes, repite el pensamiento y de nuevo haz una pausa.
5. Continúa de esta manera durante unos veinte minutos. Puedes darle un vistazo a tu reloj para chequear el tiempo.

¿Cómo te sentiste mientras practicabas esta faceta? Tal vez tuviste una experiencia más profunda que con la primera, o tal vez fue más superficial. Sin importar lo que sentimos cuando unificamos, estamos sanando; entonces es mejor unificar sin tener expectativas de ningún tipo.

De aquí en adelante puedes pensar cualquiera de las dos primeras facetas con los ojos abiertos, en el orden en que surjan naturalmente. Si se repite una más que la otra, está bien. Cuando unifiques con los ojos cerrados, no obstante, divide cada sesión entre las dos facetas, los primeros diez minutos con la primera faceta y los segundos diez minutos con la segunda.

Enamorado de la vida

La mayoría de las personas sueña con un mundo ideal. Queremos que nuestras vidas estén libres de dolor, que las naciones estén en paz, que termine el hambre. Anhelamos abolir los prejuicios raciales, la discriminación de género y la pobreza. Un llamado mundo perfecto es el ideal para la mayoría de los seres humanos.

Vamos a crear ese mundo, pero no a través de la mente.

Cuando elevamos el amor-conciencia, las separaciones que percibimos en el mundo desaparecen. Nos enfocamos cada vez más en la unidad inherente a todo. Abrazamos la perfección de este momento. Nos enamoramos de la vida. A raíz de la plena aceptación vienen todos los cambios que son necesarios, porque solamente el amor puede dar nacimiento a nuestros sueños.

Cuando abracé cada aspecto de mí misma, los juicios que tenía sobre mí se disolvieron. Y mientras más estoy en casa conmigo misma, más vuelvo a casa en el mundo. Mi mundo externo se volvió un reflejo de cómo me percibo. He dejado de notar todas sus divisiones, separaciones y deficiencias. En cambio, veo su gloria. Ya no veo más lo bueno y lo malo o lo correcto y equivocado, sino veo que todo es como tiene que ser.

Un acontecimiento que viví en Santiago, Chile, demuestra cómo nuestra percepción cambia a través de la experiencia del amor-conciencia. Estaba caminando por una calle muy concurrida buscando un lustrador de zapatos. En una esquina ventosa, paré a uno. Cuando me acerqué, me sorprendí al reconocerlo, era uno de mis estudiantes. Resultó que este joven había ahorrado meticulosamente cada centavo que ganaba lustrando zapatos para venir a aprender el Sistema Isha. Entablamos una conversación acerca de cómo las facetas habían cambiado su vida. Él relató cómo, a medida que las practicaba, halló que se estaba sintiendo cada vez más feliz.

Este joven tenía una mano deformada, que usualmente escondía, pero ahora me la mostró con orgullo. "Yo acostumbraba esconder mi mano y sólo trabajaba con la otra", me dijo. "Pero desde que aprendí el sistema, estoy amando cada vez más esta mano. Entonces la dejo expuesta. ¡Incluso la uso para pulir zapatos! Gracias al sistema, ahora puedo trabajar con ambas manos."

"Y eso no es todo", prosiguió, con su sonrisa amplia y sus ojos destellando de emoción. "Algo aún mejor ha sucedido. ¡Yo iba en mi bicicleta y un autobús me atropelló!" Esto realmente me dejó sin palabras. Es decir, ¿cómo puede alguien emocionarse por haber sido atropellado por un autobús?

"Cuando el autobús me atropelló –continuó entusiastamente– caí al suelo y me rompí la cabeza. Había mucha sangre. Normalmente, yo me habría desmayado porque le tengo miedo a la sangre, ¡pero comencé a unificar y no me desmayé!"

Esta alma amorosa había descubierto una asombrosa aceptación de sí misma y de las cosas que le ocurrían. Yo estaba conmovida por la belleza, la inocencia y lo positivo de su nueva percepción.

Destruyendo la ilusión de la separación

En este mundo de dualidad, todos nos sentimos diferentes a los otros. Conocemos miles de personas, de muchas razas, con variadas condiciones físicas, de diferentes edades, religiones contrastantes y creencias políticas, filosofías, convicciones e ideales en oposición. La compleja diversidad del mundo en que vivimos es aparentemente interminable, desde nuestras opiniones intelectuales hasta el tamaño de nuestras cuentas, desde nuestra apariencia física hasta nuestras tradiciones culturales. Percibimos separación por doquier, en un mundo de contrastes y variaciones extremas... un mundo de incontables posibilidades.

Dentro de esta experiencia de separación, buscamos infinitamente la unidad. Luchamos para sanar el planeta, creamos programas de resolución de conflictos, marchamos por la paz, tratando con desesperación de que la humanidad logre ver más allá de sus diferencias y viva en armonía.

Hacemos esto también en nuestras vidas personales, poniendo toda nuestra energía en tratar de crear balance a nuestro alrededor. Buscamos la pareja perfecta, pero cuando finalmente pensamos que hallamos el alma gemela, tratamos de cambiarla y controlarla para que encaje en nuestro ideal. Buscamos grupos de personas que nos hacen sentirnos aceptados porque nos apoyan en nuestras convicciones, nuestras opiniones y nuestras creencias. Nos unimos a iglesias, partidos políticos, grupos de autoayuda y corporaciones, en nuestra búsqueda por sanar la separación de lo que nos rodea, por encontrar el lugar a donde pertenecemos.

Pero en esta búsqueda, estamos vanamente tratando de acomodar las creencias y opiniones del intelecto. Cuando alguien está en desacuerdo con la forma como percibimos el mundo, lo evitamos. Tratamos de rodearnos de gente que confirme nuestras convicciones, que apoye nuestras ideas, sin importar cuán negativas o basadas en miedo puedan estar. Como mariposas, revoloteamos de una experiencia a otra, nuestras mentes nunca se satisfacen completamente, en una interminable búsqueda por encontrar aquello que nos hace sentir en casa.

> Recuerda pensar las facetas cuando manejas.

La mente nunca se sentirá satisfecha. Adondequiera que vaya, estará inconforme. Aun dentro de grupos que aparentan estar unidos, hay separación; las religiones se ramifican en incontables facciones, los partidos políticos discrepan entre ellos mismos; los equipos de fútbol pelean por sus tácticas; hasta los Beatles se separaron. Adondequiera que mires, hay separación, divergencia, dualidad.

Entonces continuamos con nuestra búsqueda, rechazando a otros grupos por considerar que están errados. O nos fanatizamos por la perspectiva particular de la organización o religión que escogimos, en nuestra desesperada necesidad de convencernos a nosotros mismos y al mundo de que tenemos razón. En busca de la unidad, en realidad estamos creando más separación, a medida que nuestros prejuicios y opiniones nos distancian aún más del resto de la humanidad, en lugar de unirnos en el amor.

La ironía es: nosotros somos exactamente iguales, es sólo nuestra percepción la que es diferente. No importa adonde vayas en el mundo; todos están buscando amor. Puede ser la guerrilla en las selvas de Colombia torturando a alguien o un misionero predicando en la India ayudando a los pobres. Todos estamos buscando amor. Todos buscamos regresar a casa.

Sea que estemos en el Palacio de Buckingham representando el papel de una princesa, o que seamos un adicto al crack en Harlem colocando un cuchillo en la garganta de alguien, todos hemos padecido nuestro propio abandono. Todos hemos sufrido autoabuso y todos nos percibimos a nosotros mismos como indignos de amor, con múltiples máscaras cubriendo las cosas que consideramos pecados.

Todo el mundo está representando su papel en esta gran ópera llamada vida; como actores en un escenario, cada uno con su propio rol para interpretar. Algunos son caballeros de brillante armadura, otros, misteriosos villanos, pero la verdad —nuestra esencia, nuestra grandeza—, es infinitamente el amor. Todos, dondequiera, pueden elegir ser eso.

El amor-conciencia es inspirado por el corazón de las personas y admira la grandeza sin tener en cuenta las opiniones de los individuos. Es tocado por la pasión de visionarios con caminos de vida diferentes y hasta opuestos; pueden provenir de partidos políticos diferentes; pueden tener sistemas de creencias totalmente incompatibles, pero no son sus políticas o sus puntos de vista lo que se admira, sino la verdad en sus corazones.

De esto se trata la vida. Se trata de ser fiel a tu corazón. No se trata de tener o no tener la razón. Si tú votas por la izquierda, la derecha va a decir que estás equivocado. Si votas por la derecha, la izquierda va a decir que estás equivocado. Y si no votas, ¡ambos van a decir que estás equivocado! Siempre habrá unos que estén de acuerdo contigo y muchos que no.

Los cristianos piensan que Jesús es grandioso, pero hay millones de personas que no piensan eso. ¿Significa eso que él no fue grandioso, sólo porque mucha gente no está de acuerdo? No. Él fue grandioso. Él encarnó la conciencia pura; enseñó tolerancia y amor incondicional. Pero mucha gente ha tomado sus enseñanzas y las ha usado para separarse de los demás. ¿Qué pensaría Jesús de eso?

La paz mundial a través de la unión del amor

El concepto de paz mundial, la visión de un mundo unido en el amor, está más allá del intelecto. Su verdadera naturaleza está más allá de todos los sistemas de creencias, porque los sistemas de creencias están basados en la diferencia de opiniones. La iniciativa de la paz mundial, entonces, debe estar basada en algo mucho más grande, de mucha mayor importancia, algo permanente: debe estar basada en el amor incondicional. Amor incondicional es lo único que todos tenemos en común, lo único que nos une. Cuando nos anclamos en el amor incondicional, el poder del intelecto, su separación y sus ideas, se convierte en un eco distante. Nuestras diferencias ya no son importantes. Son sólo hilos de diferentes tonos, añadiéndole color al rico tapiz de la vida. Unidos por el amor-conciencia, nos fundimos como uno, regresando a la experiencia del amor incondicional puro en todo, sin los contrastes de la dualidad dentro de la ilusión de la separación.

Cuando nuestros juicios caen, percibimos la belleza en la dualidad. Ya no estamos tratando de cambiarla frenéticamente. Y es irónico que, cuando esto pasa, las cosas que juzgábamos como malas: violencia, violación, hambre, pobreza, crueldad, etcétera, comienzan a desaparecer naturalmente. A medida que elevamos nuestra conciencia, cosas como éstas, que vibran en una frecuencia baja, comienzan a removerse por sí solas de nuestra experiencia humana y del mundo que nos rodea. Cuando las personas están completas dentro de sí mismas, dejan de necesitar protegerse, controlar o aferrarse, porque la naturaleza del amor, la naturaleza del amor-conciencia es darle a todos los aspectos de sí mismo. El amor se percibe a sí mismo en todo. No percibe ninguna escasez o falta. En el amor nace una nueva percepción, una nueva visión de vida.

Era una vez un cocodrilo joven que estaba echado a la orilla de un río, disfrutando del sol. Tenía una mirada muy seria (¡es un asunto muy serio ser un cocodrilo!). Los cocodrilos tienen una larga historia a la cual hacerle honor: como depredadores carnívoros, asesinos a sangre fría y descendientes de los dinosaurios. Este cocodrilo estaba ponderando sobre su gran responsabilidad cuando repentinamente una hermosa mariposa roja se posó sobre su nariz.

Al principio, él estaba indignado. ¿No podía ella ver que él estaba absorto, que estaba contemplando cosas serias? Pero ella parecía totalmente ajena, y cada vez que él respiraba, ella flotaba en el aire y luego volvía acariciando su nariz con sus alas de sua-

ve terciopelo. *Luego él respiraba de nuevo y ella volvía a flotar y regresaba. Esto se convirtió en una especie de meditación para el cocodrilo, y la energía cambió completamente. Él fue cautivado por la belleza y la suavidad de la mariposa, y la energía del amor comenzó a crecer entre ellos. Una felicidad se esparció por todo su ser. Él ya no fue más un cocodrilo, y ella no fue más una mariposa. Ellos fueron uno, en la unión del amor.*

Cuando la humanidad deje de lado sus diferencias y vuelva a la perfección de la unidad, experimentaremos armonía y paz en este planeta. Pero antes, esto debe empezar con nuestros corazones. El mundo ideal se encuentra dentro. No hay nada que cambiar afuera; sólo necesitamos sanarnos a nosotros mismos.

La visión verdadera

Nosotros creamos el sentimiento de victimización en muchas áreas de nuestras vidas. Tal vez parezca que nuestro color actúa en nuestra contra, o nuestro género o nuestro credo. O quizás simplemente nuestras preferencias personales hacen que resaltemos entre la multitud, de manera que encontramos que nos están molestando o nos pasan por encima de alguna forma.

Las normas de la sociedad cambian dependiendo de donde nacimos. En algunas sociedades, las oportunidades abiertas para la gente parecen ilimitadas. En otras, aparecen todo tipo de restricciones. Puede parecer que nuestros sistemas religiosos o políticos son enormes barreras que impiden que nos transformemos en lo que deseamos ser. Pero la verdadera grandeza, que fluye del amor-conciencia, nunca es frustrada por circunstancias externas. No tiene límites y atraviesa todo para lograr lo que desea.

Yo fui capaz de apreciar esto cuando me encontré con un grupo de gente ciega que vino a aprender el Sistema Isha. La mayoría de nosotros vería la ceguera como la peor cosa que podría sucederle a una persona. ¿Cómo podría uno estar pleno y feliz siendo ciego? Pero muchos de los que están ciegos "ven" mucho más claramente que quienes tenemos el don de la vista. Yo aprendí, hablando con el grupo en el seminario, que su ceguera les abrió a una experiencia de los otros sentidos que supera por mucho lo que la mayoría alguna vez disfruta. La gente ciega puede percibir con cristalina claridad la perfección del gorjeo de un petirrojo. Su sentido del olfato puede distinguir las esencias de cientos de delicadas flores. Afortunados ellos. *¡Pobres de nosotros!*

Estamos enceguecidos por cómo las cosas lucen en la superficie, convencidos de que nuestras percepciones condicionadas sobre nosotros mismos y nuestro mundo son reales. Debido a que nuestros pensamientos no nos permiten ver más allá de las restricciones de la dualidad, no nos damos cuenta de que mucho de lo que *pensamos* que vemos es ilusión.

Incluso aquellos que opinan de sí mismos que son conscientes y están atentos, descubrirán una nueva profundidad en su percepción cuando se tornen verdaderamente presentes.

Cuando vemos con el corazón, encontramos un mundo de belleza que no sabíamos que existía.

La unidad que se encuentra más allá de la diversidad

En los picos de los Andes el agua se convierte en nieve. Cambia de forma, pero todavía es agua. Luego cambia de nuevo y se vuelve un glaciar, un río de hielo. Después el lago y el sol seducen al glaciar y

> Gracias al amor por mi experiencia humana en su perfección.

éste empieza a derretirse y a unirse con el río. Esto también es increíblemente hermoso, el azul más azul que jamás hayas visto. Sin embargo, todavía es agua.

El agua cambia de forma millones y millones de veces. En cada una de sus formas, es esplendida, pero todavía es agua; nunca deja de ser agua. En las olas a la orilla del mar, es suave, refrescante, confortante. En un tsunami, puede ser devoradora y destructiva. Como nubes henchidas, proyecta sombras sobre el paisaje, luego cae como lluvia, dando nueva vida a la tierra. Bebida de un manantial, puede ser sanadora y nutritiva. Sin embargo, también puedes ahogarte en ella, mientras roba tu último aliento.

El amor también es así. A medida que tu conciencia se expande, te das cuenta de que el amor es *todo* lo que hay. Todo en el universo es una manifestación de este amor. La caldera ardiente en el centro del sol y la calidez de sus rayos sobre tu rostro, todo es una expresión del amor.

Una vez que reconoces que sólo hay amor, ves la magia y la maravilla de todo. Ves el amor en la rabia de la gente, el amor en sus celos, el amor aun en su odio. Sin importar qué emociones expresen, tú reconoces que todo eso no es más que el amor intentando penetrar.

Las lágrimas pueden estar corriendo por tu cara porque piensas que estás sufriendo. Es todavía amor. O puedes estar cautivado por los ojos de un amante, y las lágrimas todavía estarán cayendo. Ellas son todavía agua, y son todavía el amor. Él nunca se va. Está siempre allí.

Cuando nos anclamos en el amor-conciencia, todo lo que vemos es el amor, y en todas sus formas es perfecto.

Capítulo 3
La tercera faceta:

Amándose a uno mismo

Había una vez un burro que vivía en una finca cafetera colombiana. Trabajaba duro cada día, ayudando al granjero a cargar sus productos. Un día el burro resbaló con una piedra suelta y cayó en un hoyo profundo. El granjero y sus trabajadores se agruparon alrededor del hueco y quedaron sorprendidos al ver que el burro había sobrevivido a la caída. Sin embargo, el hoyo era tan profundo y sus paredes tan empinadas e inestables que ninguno de los hombres se atrevía a bajar para salvarlo. Decidieron dejarlo allí hasta que muriera.

Mientras se alejaban, el rebuzno frenético del burro se hizo insoportable y decidieron terminar con su desgracia. Comenzaron a lanzar tierra dentro del hoyo para sepultarlo. Cuando el burro vio la tierra cayendo sobre él, se la sacudió un poco, apisonándola en el suelo con las patas. Los campesinos continuaban paleando arena y el burro seguía apisonando con las patas la tierra debajo de él. Poco a poco, la tierra debajo de los cascos del burro comenzó a amontonarse, acercándolo más y más a la boca del hoyo. Después de un rato, el granjero y sus hombres se dieron cuenta de lo que el hábil burrito estaba haciendo, y comenzaron a palear más y más rápido, ya no para sepultarlo, sino para ayudarlo a subir y salir del hueco. Cuando la tierra se apiló, llenando el hueco, el burro subió a la superficie.

Si nosotros sufrimos no depende de lo que nos rodea, sino de nuestra percepción. El burro escogió abrazar lo que estaba pasando y usó lo que parecía ser un acto cruel de destrucción para liberarse del hoyo. Es una elección que hacemos en cada momento. ¿Qué estás eligiendo en este momento?

Tenemos muchas ideas acerca de cómo deben lucir las cosas, y sufrimos cuando no son de la forma en que pensamos. Estamos tan apegados a recibir la aprobación y el apoyo de todos a nuestro alrededor, tan dependientes de la manera en que ellos se comportan, que cuando *ellos* cambian, *nosotros* sufrimos.

Si estás desesperado por obtener el amor del mundo exterior, dátelo tú mismo. Si experimentas ansiedad o necesidad en alguna de tus relaciones personales, o quizás porque te falta un tipo particular de relación, o si necesitas que alguien cambie para sentirte feliz, necesitas ir adentro y amarte tú mismo. Habla tu verdad, pero luego regresa a ti mismo, siempre. No se trata de cambiar lo de afuera.

Hasta que asumamos la responsabilidad de nuestra propia felicidad, hasta que nos demos cuenta de que nosotros y solamente nosotros somos responsables de nuestra satisfacción, permaneceremos insatisfechos.

En cada momento, tienes el poder de reinventarte. Puedes escoger ser lo que quieres ser. Eso es lo maravilloso de ser humanos: tenemos una elección y podemos cambiar. Podemos cambiar para ser más amor, más libertad, para soltar nuestras limitaciones, para comenzar a vivir en el momento, para empezar nuevos hábitos que no nos causen sufrimiento.

La verdadera conciencia es responsable; no percibe el mundo como algo separado de sí misma: asume la responsabilidad porque sabe que *es* el mundo.

Si me critico siempre, si estoy comparándome y quejándome, si no estoy siendo únicamente la brillantez de quien soy, ¿quién es responsable de eso? Yo. Cada uno es único y perfecto y brillante, pero tienes que encontrar esa brillantez puliendo tus facetas. Es tu elección, de nadie más. *Elijo la grandeza de quien soy y puedo hacerlo. No puedo ser otro: puedo ser yo, y eso es grandioso.* De hecho, es lo más grandioso que hay, porque una vez que encuentras eso, no hay más comparaciones ni celos ni inseguridades; sólo hay amor. Luego puedes extender eso a cada parte de tu creación, y puedes rendirte y abrazar tu mundo con dicha. Encontrarás alegría porque no te estás comparando; sólo estás disfrutando de la variedad de tu hermosa creación.

Un mundo perfecto

A medida que la vibración del amor aumente en toda la humanidad, nuestro mundo ideal se convertirá en una realidad global. Pero esto ocurrirá por causa de un cambio interno: por ver con otros ojos. Sucederá a medida que abrazamos la perfección que está siempre presente: la perfección de la conciencia, del amor.

Muchos aspiramos al amor incondicional. Sabemos que es el modo ideal de vivir, y tratamos de imitarlo. Montamos un acto, comportándonos como imaginamos que debería actuar una persona que ama incondicionalmente.

Pero ¿cómo podemos amar verdaderamente a otros si no podemos amarnos a nosotros mismos? ¿Cómo podemos abrazar a otros, si somos incapaces de aceptarnos exactamente como somos?

Para ser amor puro, tienes que *ser* amor puro. No puedes hacer una copia de cómo se supone que debe lucir el amor puro. No puedes duplicar lo que ves haciendo a otro; eso no es más que un truco del intelecto.

Cuando intentamos amar a otros sin amarnos a nosotros mismos, nos abandonamos, colocando la felicidad de las otras personas antes que la nuestra. Transigimos con nuestro propio ser, y esto sólo puede llevarnos al resentimiento; todo lo contrario de lo que aspiramos a ser.

¿Cómo te transformas en un ser incondicionalmente amoroso? Abrazas tu perfección en cada momento. Aceptas que no hay nada malo contigo, que eres perfecto exactamente como eres.

Somos *perfectamente humanos,* y es lo único que debemos ser.

Cuando nos llegamos a amar incondicionalmente, podemos de verdad amar a todos los demás incondicionalmente. Esto es porque cuando encontramos la perfección dentro de nosotros mismos, a través de la luz del amor incondicional, percibimos la perfección en todo.

Todas estas ideas pueden ser bastante revolucionarias para ti y puedes encontrar que son difíciles de entender, pero si sigues haciendo las mismas cosas que has hecho siempre, continuarás obteniendo los mismos resultados. Si, por otro lado, deseas experimentar un cambio, necesitas hacer algo diferente. No es necesario que comprendas en este momento, sólo practica las facetas. A medida que éstas hagan su trabajo, todo lo que te aleja de la experiencia del amor-conciencia, impidiéndote percibir la perfección en ti mismo y lo que te rodea, empezará a caerse.

Aprendiendo a amarte a ti mismo

Dentro de la naturaleza, hay un llamado instintivo para proteger y separar. En las miles de hectáreas de las prístinas pampas de Sudamérica, los padrillos pastan con sus manadas de yeguas.

Cada padrillo protegerá sus yeguas a toda costa, cuando los potros jóvenes comienzan a madurar, los sementales los echan fuera de la manada para así poder tener cerca a las yeguas. Los padrillos pelearán a muerte para proteger lo que es de ellos, su harem. La única manera en que renunciarán a sus manadas es que sean vencidos por otro padrillo más poderoso.

Tristemente, nosotros los humanos emulamos ese comportamiento instintivo de los animales. Siempre estamos defendiendo nuestros sistemas de creencias, nuestras manadas, nuestros ideales, lo que percibimos que es nuestro, y en algunos casos incluso moriríamos en defensa de estas cosas. ¿Por qué? Porque todavía estamos atrapados dentro de la ilusión de la separación.

Hemos olvidado el hecho de que todos somos uno, de que no hay carencia, nada que proteger. La razón por la cual sentimos esta escasez, esta separación, es porque no nos sentimos completos dentro de nosotros mismos. No nos amamos a nosotros mismos.

La gente acostumbraba decirme: "Necesitas amarte a ti misma".

"¡Esa es una buena idea!", replicaba yo, "¿Cómo?" Nadie parecía tener la respuesta.

Muchos de nosotros pensamos que amarnos a nosotros mismos significa comprarnos un nuevo auto deportivo. ¡Entonces, estamos amándonos a nosotros mismos! O una casa más grande. ¡Entonces, estamos amándonos aún más! O conseguir una nueva pareja. Siempre estamos cambiando nuestro entorno (incluyendo a la gente que nos rodea), pensando que al hacerlo nos estamos dando a nosotros mismos, pero nada parece ser suficiente. Siempre queremos algo más. Finalmente tenemos que darnos cuenta de que esto no está funcionando.

¿Y qué decir sobre nuestros cuerpos? ¿Cómo te sientes con relación a tu cuerpo? Todos nuestros cuerpos son diferentes. Sin embargo, todos nosotros, al menos en algún momento de nuestras vidas, hemos aprendido a juzgar nuestros cuerpos como poco atractivos o imperfectos. Tal vez has querido ser más alto, más bajo, más delgado, más fuerte, más joven. Tal vez has deseado poder cambiar algunas cosas: tu color de cabello o las entradas que están formándose en tu frente, la forma de tus caderas, el tamaño de tus bíceps o de tus pechos. Las creencias negativas que tenemos sobre nuestros cuerpos vienen de la *matrix* del intelecto; son producto de nuestros condicionamientos.

Cuando era joven, sin importar que estuviese en forma, siempre me enfocaba en lo que estaba mal con mi cuerpo. Pero a la larga me di cuenta de que tenía que cambiarme a mí misma. Tenía que aprender a amarme.

¿Qué es amarse a sí mismo? Significa ser real y aceptar cada aspecto de nosotros mismos. Tenemos una experiencia humana, en un cuerpo humano único. No tenemos una experiencia idealista de santidad. Somos *humanos*. Nos enojamos, nos sentimos tristes, amamos, somos egoístas, somos generosos. Somos todo. Mentimos, escondemos, hacemos de *todo*. ¡Somos humanos!

> Piensa una faceta cuando te sientas nervioso o impaciente.

Todos tenemos partes de nosotros mismos que juzgamos. Todos tenemos secretos, cosas que pensamos que hicimos mal y por las cuales nos reprochamos. Todas estas cosas han sido creadas por nuestro propio abandono. Pero debemos abrazarlas si queremos experimentar amor a nosotros mismos.

Esto significa que aceptamos el hecho de que muchas de nuestras acciones están basadas en el miedo y sólo son hábitos, reacciones inconscientes. Quiere decir que comenzamos a ver que no hay nada malo con esas acciones, que son sólo algunos de los vibrantes colores que forman el paisaje de la experiencia humana. Son el trampolín desde el cual la verdad de quien somos puede alzar vuelo.

La tercera faceta

En la tercera faceta vamos a crear una verdad profunda que nos traerá de vuelta al amor por nosotros mismos. Este pensamiento nos llevará a abrazarnos a nosotros mismos en nuestra perfección, a reconocer que podemos re-crearnos en cada momento.

Amor me crea en mi perfección.

¿Cómo vamos a practicar la tercera faceta?

1. Siéntate cómodamente y cierra tus ojos. Recuerda: cualesquiera pensamientos que aparezcan son perfectos, no los evites.
2. Piensa: *Amor me crea en mi perfección.* Recuerda pensarlo tal como lo harías con cualquier otro pensamiento, sin hacer esfuerzo ni tensionarte.
3. Al mismo tiempo que piensas esta faceta, coloca tu atención en lo profundo de tu corazón.
4. Luego de pensar la faceta, haz una pausa. Después de unos instantes, repite el pensamiento y de nuevo haz una pausa.
5. Continúa de esta forma durante unos veinte minutos. Puedes dar un vistazo a tu reloj para medir el tiempo.

Ahora que tienes tres facetas, úsalas la misma cantidad de tiempo cuando unifiques con los ojos cerrados. Por ejemplo, si vas a unificar por media hora, comienza con la primera faceta por diez minutos, luego dedica diez minutos a la segunda y finaliza con la tercera por diez minutos. Puedes ojear tu reloj para chequear el tiempo.

Cuando unificas con los ojos abiertos, puedes pensar cualquier faceta que te venga a la mente en el momento que sea.

La ilusión del amor romántico

Cuando experimentamos el amor-conciencia, estamos completos dentro de nosotros mismos. Ya no esperamos más por alguien allá afuera que nos llene.

La ilusión del amor es algo que muchos buscamos incansablemente: la conquista, las cenas a la luz de las velas, las flores, las canciones, todas las escenas románticas. Pero en realidad, estamos buscando distracción: la excitación y la fantasía son sólo formas de evadir la falta de amor que sentimos dentro de nosotros mismos.

Con el amor-conciencia, esta necesidad de distraernos desaparece. Todas las expectativas que ponemos en el afuera y en nuestras parejas, todas las razones que nos hacen sentirnos incompletos sin nuestras relaciones, simplemente se desvanecen, porque hemos creado una relación con nosotros mismos que está basada en el amor verdadero. No es como el amor romántico. Esta relación es total y es completa.

Una vez que has descubierto el amor a ti mismo, el romance puede aparecer en tu vida como un bono adicional, pero ya no será un requisito para tu satisfacción.

En una conversación reciente, una de mis amigas me dijo que no había visto a determinado hombre en nueve meses. Ella no había pensado en él, nunca se le había cruzado por la mente. Entonces recibió un llamado telefónico de él, y su mente de inmediato la enganchó en el sentimiento de añoranza, de cuánto ella lo extrañaba y cuánto lo necesitaba. Ella comenzó a sentir algo que llamó "la presencia de la ausencia". Este pensamiento hizo que ella comenzara a sufrir.

Ésta es nuestra respuesta automática habitual al amor romántico; necesidad, sufrimiento y memorias idealizadas de cuán maravilloso fue todo. La verdad es: el amor romántico raramente tiene que ver con la realidad. Es una fantasía que creamos en nuestras mentes para entretenernos y así poder sentir la adrenalina, la angustia, la euforia, la atracción y el deseo. La buena noticia es que mi amiga se dio cuenta de esto. Vio cómo ella instantáneamente había recaído en un patrón más antiguo que el primer tango y tan arraigado en su ser que fue su respuesta inmediata.

Esto me recuerda una escena de un programa de televisión para niños, llamado Plaza Sésamo, con Ernie y Bernie. Ernie comienza a preguntarse dónde estará Bernie, por qué se ha tardado tanto, y comienza a imaginarse qué puede haberle pasado. Quizás encontró a su amigo Fred, comenzaron a hablar acerca de Ernie y están diciendo cosas terribles acerca de él. Ernie continúa pensando sobre todas las cosas que ellos deben estar diciendo de él. Piensa: "A ellos no les gusta pasar tiempo conmigo porque no soy divertido; ellos piensan que soy egoísta y tacaño y que no soy muy buen amigo". Ernie se enoja tanto imaginando todo lo que ellos pudieron estar hablando que cuando Bernie finalmente llega a casa, Ernie le grita: "¿Cómo es posible que le hayas dicho todas esas cosas terribles de mí a Fred?" Bernie le responde: "Yo nunca vi a Fred. ¿De qué estás hablando? Yo estaba atascado en el tránsito".

¿Por qué hacemos esto? ¿Por qué escogemos caer en el descontento tan rápido? A medida que nos volvemos más conscientes de nosotros mismos, nos percatamos de que hacemos esto porque somos adictos al sufrimiento.

Nuestra adicción al sufrimiento

Hay comodidad en el sufrimiento, en ser una víctima, porque no tenemos que asumir responsabilidades; es mucho más fácil culpar a alguien más por nuestro propio descontento. Yo acostumbraba ser totalmente adicta al sufrimiento. Siempre estaba tratando de salvar a todos a mi alrededor, porque eso me hacía sentir importante. ¡Yo podía sostener al mundo entero! Luego me sentía como una víctima de la gente que estaba tratando de salvar porque yo daba y daba y daba, y terminaba sintiéndome no apreciada. De lo que no me daba cuenta era que ésta era una posición que yo disfrutaba, disfrutaba sentirme como una víctima del mundo.

Nuestra adicción al sufrimiento llega a tal extremo que incluso cuando todo parece estar yendo perfectamente, encontramos una razón para sufrir. ¡Todo va demasiado bien! Es demasiado bueno para ser verdad. Lo ponemos a prueba porque estamos convencidos de que no es real. "¿Si hago esto –me pregunto– ella todavía me amará? ¡Ajá, lo sabía! ¡Mis sospechas eran correctas!"

Nuestro descontento viene de la *matrix* del intelecto: juzgando, comparando, analizando. Nos enganchamos en las dudas de la mente y nos sentimos atrapados por las situaciones en nuestras vidas. Los miedos de la mente nos halan hacia estos lugares de desencanto.

¿Cómo rompemos con la adicción al sufrimiento? Abrazando la perfección de este momento. La mente siempre está buscando una excusa para rechazar el presente, siempre está buscando lo que está mal en nuestras vidas. De esto se trata el sufrimiento, es el sentimiento de que hay algo malo, una razón por la cual no podemos experimentar plenitud absoluta aquí y ahora. Si dejas de saltar de aquí para allá tratando de cambiar todo y vuelves a la inocencia, romperás esta adicción. La inocencia lo abraza todo con dicha, no tiene expectativas o ideas de cómo deben lucir las cosas.

Recuerda pensar una faceta cuando te encuentras en una situación de conflicto.

Relaciones incondicionales

Algunas personas se pierden completamente en sus relaciones, y lo único que les importa son sus parejas. No están enfocadas en amarse a sí mismas y no hablan su verdad, transigen para no molestar a sus parejas y, haciendo eso, pierden todo su poder. ¿Sirve esto? No, no les sirve de nada para su crecimiento. Pero crecer con otra persona en una relación, juntos como individuos, es algo muy mágico.

Para poder encontrar amor en otro recuerda que debes tener primero esa experiencia dentro de ti mismo, porque tu pareja es tu espejo. Si estás carente de amor, esto es lo que te será reflejado.

Frecuentemente en las relaciones una persona está más interesada que la otra. Luego, esto varía algunas veces y las parejas intercambian los roles. Esto sucede porque, en la mayoría de las relaciones, buscamos que nuestra pareja llene el vacío dentro de nosotros, y espejamos esa necesidad de uno en el otro. Al principio, uno de los miembros de la pareja puede aparentar estar muy seguro y el otro, necesitado y dependiente; pero esto puede cambiar según las circunstancias. En última instancia, cuando estas dinámicas están presentes, no hay amor incondicional por sí mismos, y la relación está basada en la adicción.

Tú puedes crecer en una relación, pero solamente cuando estás atento para no perderte a ti mismo. Entonces, puedes tener una hermosa asociación basada en la madurez y el amor-conciencia, apoyándose uno al otro en su grandeza.

El verdadero amor en su forma más pura es incondicional. Esto es amor real. Viene de adentro y se mueve hacia fuera. El verdadero amor da a cada aspecto de sí mismo, sin necesitar ni transigir. El verdadero amor viene de un lugar de inocencia. Es amor consciente, y está realizado y completo dentro de sí mismo. Todos los otros tipos de amor que experimentamos tienen condiciones. Son lo que percibimos como amor dentro de la experiencia humana, pero no son expresiones del amor verdadero. Estos tipos de amor pueden presentarse como amor romántico o el amor de un amigo, un socio de negocios, un niño o un animal. Pero este amor tiene condiciones.

La relación ideal es como una crisálida, nutriendo el crecimiento de cada individuo para que así ambos puedan alcanzar la perfección de su propia brillantez, encontrar sus alas y desplegar sus colores verdaderos. Luego ambos reflejarán más crecimiento y perfección uno al otro. Cuando se sostienen uno al otro en su crecimiento, no pueden perder nada que sea real. Puede que soporten momentos difíciles juntos. Las estaciones pueden cambiar, puede haber inviernos rigurosos y primaveras abundantes, pero el cambio de estaciones le trae madurez a cada aspecto de sí mismos. La pareja se apoya uno al otro a través de esto, y luego todo lo que permanece es el amor.

Cuando somos plenamente conscientes, somos nuestra propia pareja perfecta. Cuando estamos tan anclados dentro, muy profundo en el amor incondicional, podemos estar con otra persona, pero ya no es una necesidad. En ese caso, el amor está enfocado en más crecimiento, en ser más y más amor. No se trata de completarnos con la otra persona, porque ambos estamos completos dentro de nosotros mismos.

Cuando un niño hace un nuevo amigo no le dice: "Ahora, ¿me prometes que serás mi amigo por siempre?" No, sólo disfruta del momento. Vive inocentemente. Juega inocentemente. No tiene una lista de expectativas y requerimientos: atributos físicos, creencias religiosas, preferencias sexuales, estabilidad financiera, disposición a comprometerse, aprobación de la familia, etcétera. Él sólo tiene inocentemente un amigo que llegó a su corazón y lo iluminó. Ellos han encontrado alegría juntos y juegan juntos.

Sexualidad consciente

Una unión entre dos personas conscientes que se aman incondicionalmente es la máxima expresión sexual. Es una experiencia profundamente nutritiva, basada en el crecimiento mutuo. La energía sexual en una relación consciente es muy diferente de lo que muchos experimentamos porque está basada en dar, no en tomar. El amor incondicional da. Está completo en sí mismo y encuentra placer en compartir esta plenitud.

Cuando no nos sentimos completos dentro de nosotros, el sexo puede convertirse en una necesidad insaciable, en la medida en que buscamos la gratificación física para tratar de llenar el vacío que sentimos dentro. ¿Hay algo malo con el sexo casual? No, por supuesto que no; no hay nada malo con nada, pero el sexo por sí solo nunca traerá una satisfacción duradera.

La represión sexual está profundamente arraigada en muchos aspectos de la sociedad moderna. Muchos hombres y mujeres tienen un miedo o una creencia profundamente asentada de que están haciendo algo malo cuando tienen sexo. Por supuesto, la creencia subyacente de que hay algo malo o impuro en el sexo prohíbe la plena expresión de nuestra sexualidad.

A medida que las facetas permiten que esta represión se vaya, encontrarás que tu vida sexual se vuelve más satisfactoria. Cuando te anclas en el amor a ti mismo, el sexo ya no es más una necesidad compulsiva, puesto que ya no estás buscando satisfacción fuera de ti mismo.

Las facetas te llevan a una experiencia más profunda dentro del amor-conciencia; cuando las usas, te estás conectando con las frecuencias más elevadas del amor. Si usas las facetas mientras estás haciendo el amor, encontrarás que el sentimiento de placer se vuelve más profundo, más intenso. Usando las facetas te mantienes muy presente en el momento, en lugar de estar haciendo una lista de compras o estar huyendo a través de una fantasía en tu cabeza; estás *aquí, ahora*. Esto obviamente incrementará la intensidad de tu placer. ¡El uso de la tercera faceta mientras estás haciendo el amor es la respuesta del Sistema Isha al viagra!

Un juego llamado vida

Vamos a jugar un juego. Por ahora, puede parecer extraño o irreal para ti, pero no te estoy pidiendo que creas en lo que te voy a decir. Recuerda: es sólo un juego.

Imagina por un momento que eres Dios. El creador de la totalidad, el dueño del mundo. Tú creaste este mundo y puedes cambiarlo en cualquier momento. Tienes todo el poder. Quiero que te imagines, con un corazón abierto, que todo lo que crees, todo lo que ves, cada idea que tienes, en última instancia no está basada en la verdad. Es simplemente algo que tú, como Dios, has diseñado con tu imaginación. Nunca naciste; nunca morirás. Nunca viniste, porque nunca te has ido. Siempre has sido todo, por toda la eternidad. No hay nada que temer y no hay nada malo. Eres perfecto exactamente como eres y la única cosa que existe es el amor.

Imagina que el juego que decidiste jugar consistía en olvidar que tú eras Dios y tener una experiencia basada en la dualidad. Dentro de esta experiencia humana, creaste la más compleja red de separación. Cada persona y cada cosa eres tú, jugando diferentes partes. Cada uno está creando este gran espectáculo para ti. Es como si toda la creación fuese un espejo gigantesco, reflejando todos tus amores y odios, tus alegrías y separaciones.

Imagina que el mundo no tiene millones de años, que este universo no es masivo e ilimitado, sino que es la partícula más pequeña de información –que tú tenías el poder de crear y tienes el poder de cambiar. Pasaste toda tu vida buscando una cosa: amor. La ironía de la experiencia humana es que *eso es exactamente lo que tú eres.* ¿Y qué si nosotros fuimos todos uno, todos Dios, y la única cosa que era real era el amor?

Entonces, ¿cómo vamos a liberarnos de esta percepción de separación? ¿Cómo vamos a regresar a nuestra verdadera naturaleza? ¿Cómo vamos a experimentar amor incondicional por nosotros mismos y unión con toda la creación? En última instancia, hay una respuesta, y la respuesta es:

Iluminación.

Destruyendo los mitos de la iluminación

Tenemos la tendencia a percibir la iluminación como algo que está más allá de nuestra capacidad humana. Creemos que la iluminación es para gente "especial" como Buda y Jesús. ¿Pero y si Buda y Jesús estaban demostrando un potencial muy real, algo que era alcanzable para todos los seres humanos? La experiencia del amor en todo es una realidad; sólo que nosotros hemos olvidado esa realidad. A medida que expandes tu conciencia y surgen nuevas comprensiones, verás que tu corazón está continuamente anhelando por más y más amor-conciencia. Finalmente, anhela asentarse en la unidad.

Frecuentemente la gente piensa que pretender o incluso esforzarse por alcanzar la iluminación sería arrogante. Pero la iluminación no es arrogante ni humilde; sólo es real. No siente necesidad de esconderse detrás de una máscara de falsa modestia o tratar de encajar dentro de una idea preconcebida de cómo se supone que debe comportarse. A menudo transigimos con nuestra verdad jugando a la pequeñez para hacer sentir a los otros mejor respecto a ellos mismos. No hacemos lo que realmente queremos porque tenemos miedo de perder la aprobación, pero la iluminación nunca transige con su propia grandeza. La grandeza tiene el coraje de pararse sola. La grandeza es solitaria, pero nunca está en soledad. Está completa dentro de sí misma. La arrogancia, por otro lado, es el abandono de sí mismo. La arrogancia es Dios jugando a la pequeñez. La arrogancia es Dios siendo víctima y no tomando responsabilidad de sus creaciones.

> Recuerda pensar una faceta para volver al momento presente.

Arrogancia es que las más magníficas criaturas del planeta estén destruyéndose sin tregua, tratando de lograr algo que es inalcanzable fuera de sí mismos. Arrogancia es la adopción de máscaras en la forma de juicios, opiniones políticas y religiosas y de falsa piedad, simplemente para encajar y encontrar aprobación. Arrogancia son los humanos condenándose unos a otros por su color, religión o sexualidad.

La iluminación es el amor a sí mismos. No tiene nada que ver con la arrogancia. Se nos ha enseñado que amarnos a nosotros mismos es egoísmo, pero si no conozco el amor incondicional a mí mismo, no puedo extenderlo al resto de la humanidad.

Otra concepción errónea comúnmente sostenida es la de que la iluminación es un estado de desconexión de la realidad. Por el contrario, la iluminación te ancla más que nunca en la vida. Cuando trasciendes los miedos de la mente, abrazas la vida con libertad y alegría. Te vuelves más presente, no menos. Ésta es la gloria de la iluminación: continúas viviendo una experiencia humana mientras estás anclado permanentemente en la vibración del amor absoluto.

Esto también es verdad con respecto a nuestras emociones. A menudo pensamos que la iluminación es un estado de inactividad emocional, pero en realidad las emociones se mueven mucho más libremente cuando la conciencia se expande. Sentimos cada emoción plenamente, sin juicios, tal como la siente un niño. A medida que nos expandimos en una explosión de amor incondicional por nosotros mismos, abrazamos la espontaneidad que nos es natural.

Esta autoaceptación es inherente a todos los animales y puede ser mejor entendida observando la naturaleza. En Puerto Madryn, en Argentina, por ejemplo, decenas de ballenas francas vienen a parir en las aguas calmas que rodean la Península Valdés. Es asombroso llegar cerca de tan enormes criaturas. Son los animales más grandes del mundo y seguramente están entre los más poderosos, sin embargo, todo lo que hacen es irradiar amor. Es increíble. Es lo único que puedes sentir. Ellas son pura paz, puro amor. Miran hacia ti perezosamente a través del resplandor trémulo de las aguas como si fueras alguna rara especie de insecto, y luego van hacia abajo de nuevo.

Las ballenas vienen con sus bebés, y estos bebés toman dos mil litros de leche por día. Entonces la pobre mamá gasta la mayor parte del tiempo amamantándolo, y cuando se cansa de alimentarlo, porque lo único que el bebé quiere es comer –él estaría feliz de beber diez mil litros de leche al día–, ella se da vuelta y se coloca de espaldas para que él no pueda alcanzar sus pezones. El bebé comienza a golpear a mamá con su aleta en un intento por hacerla voltear. Es una cosa relativamente poderosa tener a un ballenato golpeándote con su aleta, pero mamá sólo reposa allí en perfecta paz. Ella lo deja tener su pequeña pataleta y continúa descansando, mientras él comienza a enojarse. Ella no se juzga; no piensa: *No debería cansarme tan fácilmente. No le estoy dando lo suficiente a mis niños, pobres cositas.* Los animales nunca se juzgan a sí mismos. Para ellos todo es perfecto.

Cuando la madre ha descansado, le enseña al bebé cómo saltar fuera del agua. Cuando mamá salta, es magnífico. Es poesía en acción. ¡Cuando el bebé intenta imitarla, es un desastre! Hace grandes saltos de barriga y no es impresionante para nada. Pero su madre no dice: "¡Ay, Dios mío. No lo estás haciendo apropiadamente! ¡Me estás avergonzando delante de las otras ballenas! Yo no debo ser una muy buena maestra..." No. Ella sólo sigue saltando y él continúa practicando, hasta que están en perfecta unidad, en perfecta sincronía.

La naturaleza no juzga. Es amor puro, estar puro, perfectamente en el momento, porque no se está pensando todo el tiempo. Así es la naturaleza de la iluminación.

La iluminación es libertad absoluta, amor absoluto a ti mismo, unión con todo. Significa estar en dicha en cada momento sin una razón particular, en lugar de estar esperando constantemente por la plenitud en el futuro. Es una vida sin miedo.

Mi vida acostumbraba ser lo opuesto a la iluminación. Las cosas tenían que lucir de cierta manera para que yo pudiera ser feliz. Todo y todos tenían que ser exactamente como yo pensaba que debían ser, o no podía encontrar paz en mi mente. Yo era extremadamente apegada a todo; a mi país, mis ideas, mis amigos y mi familia, incluso a mi perro.

Ahora fluyo con todo. Puedo encontrar perfección en cualquier situación. Experimento alegría y libertad dondequiera, sin importar dónde o con quién esté. Tener esa plenitud es increíble. Es lo que buscamos toda la vida. Gastamos toda nuestra energía tratando de alcanzar esta experiencia; buscamos la pareja perfecta, nos mudamos de casa, cambiamos de carrera o salimos de expedición a las tiendas, cualquier cosa que pueda apaciguar el descontento inexorable de la mente.

Intentamos todas estas cosas, pero la libertad solamente puede venir desde dentro. Es una experiencia interna.

Abraza la magia. Estamos tan perdidos en nuestro estrés que nunca notamos la magia que nos rodea. No estamos presentes en el momento. Podemos estar en los lugares más hermosos de la Tierra, rodeados por vistas panorámicas espectaculares, pero no podemos apreciarlas verdaderamente, porque nunca estamos realmente allí. Siempre estamos en otra parte, preocupados por un momento futuro o por un pesar del pasado.

El más ligero contacto con el amor-conciencia cambia todo en un instante. Cuando experimentas eso, todo lo demás se vuelve secundario. Porque tu corazón sabe. Y él nunca olvida.

Cuando era niña, mi familia acostumbraba llevarme a largos viajes por carretera a través de Australia. Me recuerdo sentada en el asiento trasero mirando por la ventana, cautivada por la magnificencia de los paisajes que pasábamos. Amaba recitar las palabras de los avisos ubicados en la vía, en un intento por impresionar a mi madre con mi extenso vocabulario.

Yo disfrutaba los viajes inmensamente, a menos que nos cruzásemos con animales muertos. El reino animal de Australia es de una maravillosa diversidad. Desafortunadamente, algo de esa diversidad se convierte, de forma inevitable, en muertes nocturnas en las autopistas del interior. Si había algún animal muerto en la carretera o a un lado, siempre los veía. La visión de alguna cosa muerta, cualquiera de esas hermosas criaturas, solía aterrorizarme. Me provocaba inmediatamente un choque y enorme tristeza. Comenzaba a llorar; una espesa niebla opacando mi alegría previa. Esto era instantáneo y automático. Yo percibía tanta crueldad, sentía el sufrimiento de los animales, ya desde mi inocente infancia. Cuando crecí, me sentía igualmente atribulada por las injusticias de la sociedad moderna.

Ahora, dedico mi vida a la elevación de la conciencia, pero lo hago desde la experiencia de la perfección. Ya no percibo las cosas como malas ni como una razón para sufrir. Estoy trabajando para elevar nuestra calidad de vida en cada momento, pero lo hago desde un espacio de dicha, no desde un lugar de lástima.

Encontrando el amor en todo

Las perplejidades del amor son incomprensibles para el intelecto humano. El amor es la fuerza más grande que existe, la única cosa que existe, aunque lo experimentemos en un nivel tan mínimo. A medida que comienza a expandirse, lo abarca todo hasta que anula completamente la experiencia de separación y sufrimiento.

El sufrimiento no tiene nada que ver con el amor. El amor no sabe lo que es el sufrimiento. El amor es una dicha y una paz subyacente que está presente en todo. El verdadero amor se rinde en cada momento. Dice sí a lo que es. Su naturaleza es dar, y encuentra una dicha infinita en su naturaleza. Da sin expectativas ni resentimiento, porque el amor verdadero, el amor incondicional, sabe que cuando se da a otros, se está dando a sí mismo.

Amor son las montañas. Amor son los nubarrones. Amor son los rayos del sol en la mañana acariciando suavemente tu rostro.

Amor es la bolsa de plástico que se enrolla en tus pies, en un día de viento.

Amor es la pareja a quien miras fijamente con nostalgia durante una cena a la luz de las velas.

Amor es el matón callejero que coloca un cuchillo en tu garganta mientras saca tu cartera de tus bolsillos.

Amor es la dicha de los niños jugando en la playa construyendo sus castillos de arena, y amor es el océano que los tira abajo y los devuelve al mar.

Amor es el cáncer que succiona el último aliento de tu experiencia humana, y amor son las dolorosas contracciones del parto cuando das nacimiento a un bebé.

¿Dónde no podemos encontrar amor? No hay lugar donde yo no pueda encontrar amor. Es la única cosa que existe. Es la grandeza de quien verdaderamente eres. Es todo.

Ésta es la libertad que experimentamos con el despertar del amor-conciencia. Cuando nos amamos incondicionalmente, percibimos nuestra inmortalidad y nuestra iluminación. Empezamos a amar a todos y todo lo que nos rodea incondicionalmente. En medio del amor incondicional, la verdadera compasión nace.

Capítulo 4
La cuarta faceta:

Siendo uno con el Universo

Un chico joven corre hacia su abuelo. "¡Abuelo, abuelo, dime cuál es el secreto de la vida!"

En la boca arrugada del anciano se dibuja una sonrisa mientras él replica: "Mi niño, dentro de todos nosotros es como si hubiesen dos lobos luchando. Uno está enfocado en proteger su territorio, en la rabia, la crítica y el resentimiento; es miedoso y controlador. El otro está enfocado en el amor, la alegría y la paz; es travieso y está lleno de aventura."

"Pero abuelo —exclamó el niño, con sus ojos muy abiertos de curiosidad—, ¿cuál de los lobos es el que va a ganar?"

El anciano le responde: "El que tú alimentes."

¿Cuál lobo estás eligiendo alimentar? Cada vez que piensas una faceta estás alimentando el amor-conciencia. En muchas ocasiones escogemos criticar, enfocarnos en lo que está mal, pero cada vez que pensamos una faceta estamos rompiendo ese hábito y eligiendo algo totalmente nuevo.

Aquello en lo que nos enfocamos, crece. Cuando comenzamos a apreciar en vez de criticar, a percibir la belleza y lo maravilloso de las cosas a nuestro alrededor, en lugar de enfocarnos, por hábito, en lo que está faltando, empezamos a encontrar amor en todo. Luego deja de existir dentro de nosotros el lobo del miedo y la crítica y se fusiona con el lobo del amor. Con el tiempo llegamos a entender la verdadera compasión y a ser uno con el Universo.

La verdadera compasión

La compasión es la más alta vibración del amor en la experiencia humana. La compasión viene de un corazón abierto, un corazón que puede ver directamente a través de la ilusión de la separación, un corazón que está autorrealizado.

La compasión ve a través de lo que no es real, de modo que todo lo que queda es el amor; remueve el velo de la ilusión y la autodecepción y permite encontrar la propia brillantez, el propio corazón.

¿Estás pensando una faceta?

La compasión puede ser suave, pero también feroz. Puede moverse como un torbellino, destruyendo todo lo ilusorio. Tendemos a pensar en el amor como una energía dulce y nutritiva que es ciega a todo lo que le rodea. La historia bíblica sobre Jesús echando a los mercaderes del templo muestra que en realidad el amor algunas veces puede ser feroz. En la historia, Jesús llega al templo, en Jerusalén, y lo encuentra lleno de vendedores y compradores de ganado y cambistas. Él los arroja del templo diciendo: "La casa de mi padre es una casa de oración. Ustedes la han convertido en un lugar de ladrones." (Mateo, 21:13). Lo que veo es a Jesús exponiendo todo lo que no está basado en la verdad, lo que no está basado en Dios, lo que no vibra en una alta frecuencia. No es que nuestras adicciones, nuestras mentiras o nuestros miedos sean malos; es sólo que no pueden ser sostenidos en altos niveles de conciencia.

Este ejemplo nos muestra que el amor no siempre es dulce. La compasión puede sacudir, y puede chocar. La compasión puede ser paciente, pero también puede ser rápida y precisa como un bisturí cortando la ignorancia que nos aflige.

Éste es el arte de la compasión y no hay amor más grande.

La experiencia de la compasión viene de la unidad.

Unidad

La única forma en que la humanidad puede alcanzar su máximo potencial, la única forma en que podemos experimentar paz mundial, amor incondicional y compasión verdadera, es a través de la experiencia de la unidad.

La unidad percibe perfección en toda la creación, en cada aspecto de la dualidad. No hay prejuicios, no hay doctrinas, no hay "ismos"; sólo hay Dios, experimentándose a sí mismo en cada momento en la forma humana.

Cuando Dios puede percibir esto en una forma humana, puede permitir a todos los demás realizar su propia grandeza. No hay nadie a quien salvar; no hay nada que proteger; sólo hay que *ser* para encontrar la perfección del amor en todas sus creaciones.

Las facetas del Sistema Isha son una progresión natural dentro de la experiencia del amor-conciencia. Comenzamos con alabanza, porque es una simple elección; la de apreciar en vez de criticar.

Alabanza al amor por este momento en su perfección.
(Atención: profundamente en el corazón.)

Es tan fácil apreciar. Por ejemplo, siempre me maravillo de mi madre. Ella sufre muchas incapacidades físicas y su salud ha sido una fuente constante de malestar la mayor parte de su vida. Pero aun después de soportar tantas pérdidas, tanta penuria, ella todavía tiene la capacidad increíble de apreciar todo lo bueno que ha vivido y de alabar todo lo que la rodea. Ella es un hermoso ejemplo del poder de la alabanza. Cuando nosotros, como mi madre, comenzamos a dar gracias por los regalos abundantes que siempre recibimos, encontramos la verdadera belleza de la creación y todo florece y se expande, creciendo más allá de lo que nuestros más increíbles sueños puedan imaginar.

En la segunda faceta nos movemos hacia la gratitud; gratitud por el amor que nos rodea por doquier.

Gracias al amor por mi experiencia humana en su perfección.
(Atención: profundamente en el corazón.)

Cuando te anclas en el poder del amor, te das cuenta de tu propia perfección. ¿Cómo puedes no ser perfecto? Tú eres una creación del amor. El amor incondicional y absoluto a ti mismo es la más extraordinaria experiencia, y nada externo puede quitártelo. En la tercera faceta celebramos ese amor a ti mismo:

Amor me crea en mi perfección.
(Atención: profundamente en el corazón)

A través de la práctica constante de estas facetas, el amor-conciencia se convertirá en tu experiencia permanente. Mientras más las uses, encontrarás que estás viviendo tus días desde un lugar de dicha y plenitud interna. A medida que llegas a amarte a ti mismo, a aceptar cada aspecto de ti, este amor se desbordará hacia tus alrededores y encontrarás que la forma en que respondes a los otros es también más amorosa, más solidaria.

A medida que nos estabilizamos en la experiencia del amor, estos sentimientos se intensifican, se enriquecen, hasta que se transforman en compasión. Con la maestría de la compasión, toda la separación se disuelve y abrazamos la experiencia de la unidad.

La cuarta faceta

La cuarta faceta, la cual completa las tres que ya hemos aprendido es:

Om unidad.

¿Qué es *om*? Las culturas antiguas vieron que había una esencia subyacente que era común a todo, y encontraron palabras para describir esa esencia. En sánscrito, la madre de todas las lenguas, esa palabra es *om*.

Om es la vibración que todo lo impregna en el Universo. El sonido del *om* vibra en el nivel más primordial con todo lo que existe.

En la cuarta faceta juntamos el *om* con la *unidad.* Vibrar en las profundidades del *om*, mientras nos enfocamos en la unión que existe más allá de la aparente separación en el Universo, conduce al cerebro directamente dentro de la calidad, el sentimiento y la presencia de la unidad. La perfecta armonía que esto crea en la mente es luego anclada en el corazón, resonando en el pináculo del amor-conciencia puro e irradiando esto a toda la creación.

De esta forma, la cuarta faceta complementa las otras tres, dando base a la experiencia que hemos desarrollado dentro de las profundidades silenciosas de la unión.

¿Cómo practicar la cuarta faceta?

1. Siéntate confortablemente y cierra tus ojos, permite que tus pensamientos fluyan de modo natural.
2. Piensa, *Om unidad.* Recuerda pensarlo como lo harías con cualquier otro pensamiento, sin esforzarte ni luchar.
3. A medida que piensas la frase, dirige tu atención recorriendo desde la base de la columna vertebral hasta la coronilla de tu cabeza.
4. Después de pensar la faceta, haz una pausa. Luego de unos instantes, repite la faceta y, de nuevo, haz una pausa.
5. Continúa de esta forma durante unos veinte minutos. Puedes dar un vistazo a tu reloj para medir el tiempo.

Entrando en el silencio

El amor-conciencia es la cosa más natural del mundo. Cuando somos niños, lo experimentamos todo el tiempo: una paz y alegría que nos acompañan dondequiera. Pero como adultos hemos perdido de vista esta experiencia. Nuestros constantes anhelos y la subyacente insatisfacción del intelecto son causados por el deseo de retornar al amor-conciencia.

Las facetas enfocan nuestra atención en el amor-conciencia cada vez que las pensamos. De esta manera traen el silencio de nuestra verdadera naturaleza al primer plano de nuestra atención. En la presencia del silencio, todo aquello en nuestras vidas que proviene del miedo, comienza a transformarse, a disiparse dentro de la paz que nos envuelve.

Cuando nos enfocamos en las facetas, nos llevan hacia la experiencia del amor-conciencia. Somos lo que elegimos. Cuando elegimos la cuarta faceta, nuestra vibración se mueve hacia más unidad. A medida que el amor crece fortalecido, los miedos limitantes que han manchado nuestra ventana comienzan a desvanecerse. Nuestra percepción recupera su natural claridad y revivimos la inocencia dichosa que teníamos cuando niños. De nuevo experimentamos más de nuestra verdadera naturaleza: dicha, paz y silencio.

En cuanto nuestra experiencia de amor-conciencia se expande, empezamos a percibir el Universo en su verdadera magnificencia, en lugar de ver todo a través de los conceptos, etiquetas y cajas que hemos adoptado a lo largo de nuestras vidas. Comenzamos a relacionarnos y a responder a nuestro entorno desde el profundo silencio que estamos descubriendo dentro. Esta conciencia irradia hacia todo, impregnando cada aspecto de nuestra experiencia humana. Vemos todo más inocentemente, sin compararlo con lo que ha sido antes. En lugar de ver el nombre de las cosas, las vemos como realmente son. En lugar de ver lo que percibimos como "el océano", vemos la inmensidad rugiente y avasalladora de su presencia.

Cuando comenzamos a unificar, sentimos esto por momentos, pero luego somos llevados fuera de nuevo por nuestros pensamientos y emociones, o por los cambios que ocurren a nuestro alrededor. Pero a medida que nos anclamos más en la experiencia del amor-conciencia, resulta cada vez más difícil para las distracciones del intelecto sacarnos de nuestra experiencia de amor. Mediante la práctica regular, esta experiencia se vuelve más y más duradera, hasta que llega un momento en que nunca se va.

La naturaleza del pensamiento

Al principio, cuando piensas *Om unidad*, puedes sentir paz y silencio, o puede que no. Puede que encuentres que tu cabeza repentinamente se llena de pensamientos, tal vez incluso más que lo usual.

Esto significa que la unificación está trabajando: no es algo que deba evitarse. Los pensamientos vienen durante la unificación porque la elevación de nuestra vibración interna provoca que todo aquello que no vibra en ese nivel se vaya. Esto puede incluir patrones de pensamientos, recuerdos, obsesiones y preocupaciones.

Es importante recordar que la unificación es diferente de la meditación. No estamos tratando de parar los pensamientos que vienen. Pensamientos de todo tipo pueden surgir mientras estás unificando, y todos son perfectos. Nunca trates de evadir tus pensamientos y no los juzgues como buenos o malos. Los pensamientos que se presentan mientras estás unificando son parte del proceso, sin que importe lo entretenidos o desagradables que puedan ser.

No luches con tus pensamientos. El intelecto no es tu enemigo. Ama tu intelecto; no lo veas como algo malo. A medida que tu conciencia se expanda, las dudas y trucos de la mente se extinguirán naturalmente.

El amor-conciencia es mucho más grande que el intelecto: atestigua la mente y todas sus maquinaciones; toma lo que necesita del intelecto para poder tener una experiencia humana, pero tiene una percepción clara de las cosas que nos hacen sufrir. Este amor ve a través de los pensamientos que están basados en el miedo, que nos hacen aferrarnos en lugar de liberarnos.

La mente es un signo de interrogación interminable, de permanente duda: cambia confusamente de una opinión a otra. Es transitoria, porque es ilusoria. La voz del intelecto oscila de un polo al otro, alimentándose de la confusión y la indecisión.

Recuerda pensar la faceta: *Om unidad.*

La complicación es su juego favorito, ya que entreteje raudales de pensamientos en un extraño desorden, como un gato con una bola de hilo. La voz de la unidad no tiene dudas. Habla con absoluta claridad, resonando en el silencio de tu ser. Cuando la unidad habla, no hay cuestionamiento. Es sólida y categórica.

A medida que unificas, la bola de hilo que tu mente felina ha creado se desenredará en la luz del amor. Mientras se está desenredando, sólo permite que tus pensamientos fluyan, pues son los pedazos de hilo destrozados que están cayendo, haciéndose polvo.

Cuando las personas comienzan a usar las facetas se concientizan de que la forma en que han percibido el mundo no es más que un producto del condicionamiento de la infancia. Reconocen, por primera vez, que el mundo no es como lo habían visto siempre, que, de hecho, *aprendieron* a verlo tal como lo hacen.

Esto es un descubrimiento impresionante. Lo que antes parecía tan real, ahora se siente como una ilusión. A medida que tu vieja forma de ver la vida se desploma, comienzas a liberarte de la enmarañada red del intelecto. Te encuentras cortando sin esfuerzo la rama de tus miedos pasados y de tus dudas sobre el futuro.

Comienzas a volar.

La libertad de la iluminación

Había una vez un rey que amaba a su pueblo y acostumbraba disfrazarse como un mendigo para poder observar las vidas de sus súbditos sin ser reconocido.

Un día notó a un joven sentado junto a la fuente de una plaza, con la mirada perdida en la distancia en serena contemplación. Se acercó al joven y le preguntó qué hacía. Volviendo su mirada hacia el rey disfrazado, le respondió, con los ojos tan llenos de amor que el rey se sintió sobrecogido: "Estoy observando mi reino". Aunque esta respuesta normalmente habría sido una gran ofensa para el monarca —después de todo, era su reino, no el del chico—, él se sintió tan conmovido por la profunda presencia del joven que no supo cómo responder. Dio vuelta y regresó apresurado al castillo en total desconcierto.

En los próximos días, el rey se aseguró de visitar siempre al joven durante sus viajes al pueblo. Cada vez que lo veía, le hacía la misma pregunta, y cada vez recibía la misma mirada de profunda paz e inocente amor, y la misma enigmática respuesta: "Estoy observando mi reino".

Después de mucho pensarlo, el rey concluyó que este joven no era un tonto insolente, sino un gran sabio, y decidió revelarle su verdadera identidad y pedirle que viniera a pasar la noche en el castillo. Él quería descubrir el secreto de la iluminación de este chico y lograr esta misma experiencia interna de libertad.

Una vez que se quitó su disfraz en una revelación dramática y triunfalista de su verdadera identidad, el rey fue un tanto sorprendido por la respuesta despreocupada y en apariencia desinteresada del joven. Su incredulidad creció cuando el joven aceptó su invitación a pasar la noche en el castillo sin la menor señal de excitación ni gratitud.

Sin embargo, complacido de que el chico había aceptado, lo llevó directamente al castillo en el carruaje real y le ofreció la suite más suntuosa del palacio. El joven aceptó.

Al día siguiente, esperando pasar más tiempo cerca de su nueva fuente de sabiduría, el rey invitó al joven a quedarse una noche más. Él aceptó. Pasó el tiempo y el joven continuó aceptando con indiferencia la generosa hospitalidad del rey. Después de unas semanas, el rey se sintió obligado a ofrecerle un regalo, como era costumbre en estos lugares. El chico aceptó los finos trajes que el rey colocó ante él, y los apetitosos manjares llegados de otras tierras y las joyas de oro.

A medida que el tiempo pasaba, le impaciencia del rey crecía. Le había dado lo mejor de todo al chico, ¡pero el joven todavía no le había revelado su secreto! De hecho, el chico apenas había hablado siquiera una palabra al rey durante toda su estancia. El rey comenzó a resentirse. Empezó a preguntarse si el joven era realmente un sabio, o si sólo estaba aprovechándose de su generosidad.

Por cortesía, el rey no le dijo nada al joven sobre sus dudas, pero a medida que los días pasaban, éstas crecían y crecían.

Un día, cansado de esperar y receloso de las intenciones del chico, el rey decidió confrontarlo. Se dirigió al dormitorio del joven, decidido a preguntarle si todavía estaba observando su reino. Estaba seguro de que el muchacho no estaría haciendo nada por el estilo, ¡probablemente estaba dormido o dando vueltas en la cama!

Azotando la puerta, con el pecho henchido de orgullo, pasó a hacerle al joven su pregunta. Pero antes de que tuviera tiempo de hablar, vio que el joven estaba mirándolo fijamente con los ojos llenos de serenidad. El joven levantó su mano y dijo, "¡Espera! Sé lo que vas a preguntarme. Has tenido algo para preguntarme desde hace largo tiempo, pero no voy a responder. En vez de eso, quiero que vayas y les ordenes a tus sirvientes que ensillen tus dos mejores caballos. Hoy, iremos a cabalgar."

El rey, muy desacostumbrado a recibir órdenes, y otra vez desconcertado por la agudeza de la mirada del joven, dio vuelta y salió de la habitación en muda confusión, y mandó a alistar los caballos.

Estaban en los establos, los dos hombres en sus caballos ensillados, y el joven salió, galopando tan rápido que al rey le tomó algunos segundos alcanzarlo. A toda velocidad, corrieron a través del boscoso valle, llegando al otro lado más rápido de lo que el rey nunca antes lo había hecho. Cuando llegaron a la cima del risco, la impresionante vista del enorme reino se extendía ante ellos, pero el joven no mostró ninguna señal de disminuir su velocidad. Continuó galopando colina abajo y el rey, esforzándose por igualar su paso.

Cabalgaron por horas, dejando muy atrás los muros del castillo. El joven todavía no mostraba ninguna señal de cansancio, y el rey, no queriendo aparecer como débil, tuvo que usar toda su energía para mantenerse a la par. Cuando, finalmente, no pudieron cabalgar más, acamparon a un lado del camino. A la mañana siguiente, cuando partieron de nuevo, el rey observó que el joven seguía galopando cada vez más lejos del castillo.

Por días, cabalgaron y cabalgaron por áreas del reino que el monarca nunca antes había visto. Él silenciosamente se preguntaba si alguna vez dejarían de cabalgar, pero la belleza del paisaje era cautivadora, y comenzó a disfrutar del viaje.

Un día, después de muchas semanas, llegaron a una cerca. El joven iba a saltar la cerca con su diestro caballo pero antes de que lo hiciera el rey exclamó: "¡Espera! Yo no puedo cruzar esta cerca." El joven volteó a mirarlo, sus ojos brillando con alegría e inquisitivo regocijo. "Esta cerca marca el límite de mi reino", explicó el rey. "Más allá de ella, no tengo nada. Todo lo que soy está en este lado de la cerca. No puedo continuar."

"Ésa —respondió el joven, sus ojos resplandecientes con la luz de la vida— es la diferencia entre tú y yo. Tu reino está contenido en esta cerca, pero el mío está en mi corazón. Lo llevo conmigo dondequiera que voy." Con eso se dio vuelta, pasando sobre la cerca con un grácil salto, y se fue a medio galope, lejos en la distancia.

Parte 2

El Portal Diamante

Capítulo 5
Abrir el Portal:

Incorporar las facetas en tu rutina diaria

Ahora has aprendido las cuatro facetas Isha:

Alabanza al amor por este momento en su perfección.
(Atención: profundamente en el corazón.)

Gracias al amor por mi experiencia humana en su perfección.
(Atención: profundamente en el corazón.)

Amor me crea en mi perfección.
(Atención: profundamente en el corazón.)

Om unidad.
(Atención: subiendo desde la base de la columna
vertebral hasta el tope de la cabeza.)

La práctica continua de estas facetas, junto con los otros aspectos del Sistema Isha, que exploraremos en el resto de este libro, te llevará a amarte incondicionalmente. Las facetas pueden parecer simples, pero mientras más las practiques, apreciarás la profunda resonancia que producen dentro de tu ser.

Estas cuatro facetas forman lo que llamo el Portal Diamante. Lo denomino así porque todos los humanos somos como diamantes perfectos, y no hay dos diamantes exactamente iguales. Nuestras facetas son únicas, así como cada diamante es único: tienen diferentes cortes y diferentes apariencias. Son todos individuales y perfectos. Son todos translúcidos e irradian solamente luz.

El centro de cada diamante es siempre el mismo. Es amor puro, conciencia pura. Cuando la luz pega en la superficie y toca las facetas, cada una despliega su propia expresión única. Pero la esencia, el centro, es siempre el mismo.

A través de la brillantez de este portal descubrirás tu propia brillantez, pero *tú* debes prender el fuego. Tú debes encender la luz. Debes ser responsable de ti mismo, porque sólo tú puedes encontrar la grandeza de quien realmente eres.

La estabilización del amor-conciencia

Una de las cosas maravillosas de estas facetas es que pueden mejorar tu vida hasta el grado en que tú lo desees. Mucha gente unifica simplemente para liberarse del estrés o para vivir con más paz y alegría. Eso está bien. Para aquellos que buscan algo más, este sistema provee un camino increíblemente directo hacia la expansión y estabilización del amor-conciencia.

¿Qué significa esto? Puedes haber experimentado momentos de absoluta plenitud en los cuales sentiste que nada te faltaba. Esto pudo haber ocurrido mientras mirabas a un niño jugar, durante una meditación profunda, cuando te perdiste en los ojos de tu amante, o sólo de manera espontánea sin una razón aparente. Esta experiencia es usualmente tan fugaz que se va en un instante, pero al mismo tiempo es tan profunda e inspiradora que la recordamos por el resto de nuestras vidas. Si alguna vez has tenido una de esas experiencias, probablemente has deseado sentir esa completitud todo el tiempo.

De esto trata la estabilización del amor-conciencia. Es la experiencia permanente de realización interna, que te permite vivir en un constante estado de plenitud, sin importar dónde o con quién estás, o qué estás haciendo. Ésta es la verdadera libertad. Cuando tu estado interno ya no depende más de las arenas cambiantes del mundo que te rodea, puedes vivir plenamente, sin la necesidad de controlar o manipular tu entorno.

Ésta es la diferencia entre el Sistema Isha y la meditación. La meditación te lleva a un estado de plenitud interior, pero cuando abres los ojos, ¿dónde está esa experiencia? Se ha ido. Este sistema, por otro lado, te lleva dentro de la experiencia de amor-conciencia y luego trae esa experiencia hacia fuera, a tu vida diaria. Descubrirás que en la medida en que practiques, la paz interna y la alegría permanecerán en ti por periodos cada vez mayores, impregnando cada momento de tu vida, hasta que siempre estén presentes.

Asentarse permanentemente en el amor-conciencia es asentarse en el silencio. A esto lo llamo el "silencio rugiente", porque algunas veces es tan silencioso que es perturbador. Cuando estás asentado en el amor-conciencia, incluso en medio de un gran ruido, el silencio será lo único que puedas oír.

El amor-conciencia eclipsa al intelecto. Eclipsa el ruido. Lo eclipsa todo. Es dentro de ese espacio que comenzamos a atestiguar. En ese espacio se encuentra la frecuencia del amor.

> Amor me crea en
> mi perfección.
> Atención: profundamente
> en el corazón.

No hay nada más grande que el amor-conciencia. Es lo único que tiene un verdadero valor, porque es lo único real. Puedo tener fama, puedo tener dinero, puedo ser hermosa, pero sin el amor-conciencia voy a seguir siendo un recipiente vacío; todavía no estaré completa porque mi corazón anhelará algo más. *Con* el amor a nosotros mismos podemos jugar dentro de la ilusión de la dualidad como un niño, abrazando cada aspecto.

Si nuestra libertad está basada en lo que nos rodea, es tangible, pero inconstante. Siempre está cambiando, y hay siempre miedo a la pérdida. Si nuestra seguridad está en el amor-conciencia, nunca cambia. Siempre está presente y expandiéndose infinitamente. Nunca puede perderse; nunca puede morir. Sólo será un nuevo escenario, con una multitud de personajes diferentes representando sus papeles para nuestra diversión.

No hay nada real más que el amor. Las ilusiones a las que nos aferramos ferozmente son como nubes que se disipan en el cielo.

Tips para la práctica correcta

Ya hemos establecido la importancia de unificar con los ojos cerrados por lo menos una hora al día, pero si quieres hacerlo por más tiempo, ¡adelante! Aprovecha tu tiempo libre para unificar. Mientras más practiques, mayores beneficios obtendrás.

Unificar con los ojos cerrados nos ayuda a conectarnos con la experiencia del amor-conciencia y empieza a expandirla. Unificar con los ojos abiertos, por otro lado, nos ayuda a abrazar la perfección del presente.

Cada vez que unificamos con los ojos cerrados, usamos todas las facetas, en orden y aproximadamente el mismo tiempo. Si vamos a unificar por veinte minutos, por ejemplo, usaremos la primera faceta por unos cinco minutos, luego cambiamos a la segunda por cinco minutos, después cinco minutos con la tercera, y finalizamos con cinco minutos para la cuarta. Puedes medir el tiempo dando un vistazo al reloj. Recuerda: no tiene que ser exacto. Esta práctica nunca requiere ningún tipo de esfuerzo físico o mental; tampoco precisa control rígido.

Puedes sentirte más cómodo o más identificado con una faceta que con otra. Eso es normal. Sin embargo, cuando practicamos con los ojos cerrados, siempre usamos todas las facetas, tanto las que nos gustan como las que no. Si hay alguna faceta que no te dice mucho y te hace sentir incómodo, significa que la faceta está trabajando; se está topando con un miedo o una resistencia de tu viejo sistema de creencias. Usamos las facetas para expandir nuestra conciencia, no para sentirnos cómodos. Algunas veces la práctica se sentirá maravillosa, otras no. Eso no importa, sigue practicando, y lo que sea que se esté removiendo se irá. Cuando se haya ido, te sentirás mucho mejor.

Si en algún momento te sientes incómodo o piensas que este proceso es difícil, sólo recuerda: esto está dentro de ti. Está en ti. Dondequiera que vayas, allí estarás. Este proceso te mostrará lo que hay en ti mismo. Puede que no siempre te guste lo que ves, pero no puedes ignorarlo todo el tiempo. Mientras más rápido abraces las partes de ti mismo que rechazas, más rápido tu inconformidad será reemplazada por la libertad del amor incondicional. En la medida en que continúes con la práctica, los cambios se manifestarán por sí mismos en cada área de tu vida.

Entonces, es así como vamos a practicar las facetas en nuestras vidas: unificamos al menos una hora al día con los ojos cerrados usando todas las facetas, dando a cada una aproximadamente el mismo tiempo; y, cada vez que nos acordemos, unificaremos con los ojos abiertos: escogiendo pensar cualquiera de las facetas, sin orden ni tiempo establecidos.

Ahora exploraremos algunas cuestiones comunes y dudas sobre cómo practicar el sistema correctamente. Si alguna de tus dudas no aparece en esta lista, ve el Apéndice 1, que contiene información sobre cómo recibir apoyo en el futuro.

DURMIÉNDOTE

Si te duermes mientras estás practicando con los ojos cerrados, eso es perfecto. Cuando unificamos, siempre creamos lo que necesitamos. Si tu cuerpo ha acumulado fatiga, te quedarás dormido. Esto sucede porque el cuerpo está aprovechando la relajación profunda, producida por la unificación, para descansar y regenerarse.

Si con frecuencia te duermes y no logras unificar, intenta hacerlo sentado en vez de acostado. Si a pesar de esto todavía te quedas dormido, ¿qué te puedo decir? ¡Necesitas dormir!

A veces pasamos por un tiempo en que cada vez que unificamos con los ojos cerrados nos quedamos dormidos. Esto puede durar unos cuantos días o inclusive unas semanas, pero es algo muy bueno. Cuando el cuerpo haya descansado lo suficiente, te sentirás más vital y enérgico que nunca. No luches con esto, sólo recuerda que estás sanando y esto pasará.

POSICIÓN

Cuando estás unificando con los ojos cerrados, es importante que estés confortable. Ésa es la única regla con relación a la postura. Puedes sentarte o acostarte, cambiar de posición, rascarte... siempre y cuando te sientas cómodo.

PRACTICAR MENOS DE VEINTE MINUTOS

Cuando unificamos con los ojos cerrados, lo ideal es hacerlo por lo menos veinte minutos, para que puedas sacar el mayor provecho del descanso profundo que hace a la unificación tan beneficiosa.

Si estás sentado esperando para entrar a la consulta médica o en un taxi, puedes cerrar tus ojos y unificar por unos minutos, pero en la medida de lo posible trata de realizar tu hora diaria de práctica en sesiones de por lo menos veinte minutos.

MÚSICA

Al unificarnos con los ojos cerrados, nos sumergimos profundamente en nuestro ser. Cualquier cosa que estimule los sentidos sólo servirá como distracción y debe ser evitada en la medida de lo posible. No coloques música de ningún tipo cuando estés unificando con ojos cerrados, ya que, por muy agradable que pueda ser, esto mantiene nuestra atención en el afuera, lo cual es opuesto a lo que estamos tratando de lograr.

DOLORES DE CABEZA

Si sientes dolor de cabeza durante o después de la unificación, asegúrate de que no estás haciendo ningún esfuerzo mental. Los dolores de cabeza pueden ser causados por tratar de evitar forzosamente aquellos pensamientos que consideras negativos. Recuerda que este proceso no es una meditación, y no requiere que pongas tu mente en blanco o que te concentres intensamente; no debes tratar de controlar tus pensamientos. La unificación debe ser agradable y natural para la mente.

Otra posible causa de un dolor de cabeza mientras estás unificando es la deshidratación. Cuando usas las facetas, el líquido de tu cuerpo es empleado para liberar las toxinas, entonces es importante beber mucha agua.

Los dolores de cabeza también pueden surgir porque el cuerpo está liberando estrés físico. Si éste es el caso, el dolor pasará en poco tiempo, sólo continúa unificando, bebiendo agua y haciendo ejercicio.

PUNTOS DE ATENCIÓN

Algunas veces las personas tienen dificultad con los puntos de atención de las facetas. Usualmente esto se debe a que se están esforzando. Cuando llevamos nuestra atención a lo profundo del corazón, por ejemplo, no necesitamos visualizar un color o luz en particular, ni necesitamos concentrarnos de ninguna manera. Sólo colocamos la atención suavemente en el corazón.

Los puntos de atención abren los centros de energía del sistema nervioso, para que podamos vibrar en niveles siempre más altos de amor-conciencia.

Es muy importante que te comprometas a practicar el sistema por un periodo mínimo de un mes. Cuando nos separamos de lo que nos rodea y creamos la ilusión de que no merecemos amor, bloqueamos todos nuestros centros energéticos. Estos centros están rodeados de estrés y toxinas. A medida que comenzamos a sanar, el estrés y las toxinas se van junto con los sistemas de creencias negativos que nos inducen a protegernos del afuera. Para comenzar a sentir energéticamente la presencia del amor-conciencia, toda esta basura acumulada se tiene que ir, para que podamos vibrar en una frecuencia más alta. Algunos experimentarán paz y alegría inmediatamente, pero otros estarán removiendo toxinas y sanando el sistema nervioso, y esto se traducirá en lo opuesto; causará el parlotear incesante de la mente. Podrías no sentir paz y alegría inicialmente. La persistencia te permitirá tener esta experiencia, y bien vale el esfuerzo. Entonces haz el compromiso contigo mismo y dale a este sistema la oportunidad que tú mereces.

Capítulo 6

Los siete componentes del Sistema Isha

En su totalidad, el Sistema Isha provee un método completo de autosanación y expansión del amor-conciencia. Aunque ya hemos explorado sus componentes en este libro, ahora los enumeraremos claramente, para que puedas revisarlos de una forma fácil cuando lo necesites.

1. Usando las facetas Isha

Alabanza al amor por este momento en su perfección.
(Atención: profundamente en el corazón.)

Gracias al amor por mi experiencia humana en su perfección.
(Atención: profundamente en el corazón.)

Amor me crea en mi perfección.
(Atención: profundamente en el corazón.)

Om unidad.
(Atención: subiendo desde la base de la columna
vertebral hasta el tope de la cabeza.)

Estas cuatro facetas componen el Portal Diamante. Los portales avanzados se enseñan en forma individual, a través de seminarios en todo el mundo. Para más información, vea el Apéndice 1.

2. Enfocándonos en el amor-conciencia

Este paso es un resultado natural de la unificación constante. A medida que usamos las facetas y nos familiarizamos más con la experiencia del amor-conciencia, encontramos que podemos elegir esa paz, esa plenitud interna, tan fácilmente como podemos elegir pensar una faceta. Primero elegimos pensar las facetas y luego, a medida que la experiencia se expande, podemos comenzar a elegir enfocarnos en el amor-conciencia. Continuamos pensando las facetas, pero empezamos a escoger el traernos al momento presente, al aquí y ahora. Cuando estabilizamos nuestra atención en la experiencia del amor-conciencia comenzamos a vivir desde las profundidades de nuestro silencio interno.

Usar las facetas con los ojos abiertos te ayudará enormemente en este paso. Cada vez que piensas una faceta estás anclado en el aquí y ahora. Estás eligiendo abrazar la perfección del presente, en lugar de escoger vivir en los pensamientos habituales del pasado y futuro.

Una forma práctica de aplicar este componente es cerrar tus ojos por unos instantes en medio de la actividad (¡excepto cuando estás manejando!) y usar las facetas para conectarte con el amor-conciencia. Si te sientes estresado o perdido en las urgencias cotidianas, sólo para, cierra tus ojos y ve adentro. Cuando te sientas más anclado dentro de ti, puedes abrir los ojos de nuevo. Continúa pensando las facetas y eligiendo ese espacio. Este ejercicio te ayudará a estabilizar la experiencia del amor-conciencia más rápido en tu vida diaria.

3. Sintiendo tus emociones

Un aspecto fundamental del Sistema Isha es sentir tus emociones sin juzgarlas. Esto es muy diferente a quedar atrapados en el drama o el sufrimiento. Por ejemplo, si estamos tristes, nos permitimos llorar. Si estamos enojados, gritamos en una almohada, golpeamos una bolsa de boxeo o un colchón, o hacemos ejercicio físico para mover la energía. Hacemos esto con inocencia, tal como lo haría un niñito.

Hace poco una amiga estaba corriendo por la ribera de un río. Es algo muy *serio*, correr a lo largo del río. Todos llevan sus monitores cardíacos y miran constantemente sus relojes. Algunos usan audífonos para escuchar música, pero el ánimo general es de concentración y seriedad. Todos toman el hecho de ejercitarse como algo sumamente *serio*, así como la vida es *seria*, todo, en efecto, es *muy serio*.

De repente, una graciosa mujer se acercaba corriendo hacia ella. Verticalmente esta mujer era pequeña, pero horizontalmente ¡no era para nada pequeña! Todo lo que podía rebotarle o movérsele, lo hacía.

Ella miró a mi amiga y ambas comenzaron a reír. La mujer que rebotaba estaba riéndose de sí misma, y mi amiga se estaba riendo de verla reírse de ella misma. Ella la estaba pasando muy bien bamboleándose por toda la vereda y luciendo cómica, ¡y estoy segura de que le trajo mucha alegría a las vidas de mucha gente muy seria!

Poco después apareció un ciclista de aspecto adusto. Se veía increíblemente enfocado mientras pedaleaba con gran seriedad por el camino. Cuando estaba cerca de mi amiga, de repente cayó de su bicicleta y se golpeó fuertemente contra el piso. El impacto fue tan fuerte que se sintió como un terremoto. Obviamente, él se había lastimado, porque sus codos estaban raspados y sus rodillas sangrando.

Me parece divertido que la primera reacción de la gente cuando alguien se cae, frecuentemente, es reírse. ¡No sé si reímos porque nos avergonzamos por ellos o porque nos alegra que no hayamos sido nosotros! Luego, la siguiente respuesta, especialmente de las mujeres, es la mirada maternal de preocupación y la pregunta frenética: "¿Estás bien?", mientras tratamos de disfrazar el hecho de que, un momento antes, estábamos riéndonos.

Pero mi amiga no tuvo tiempo de responder de ninguna forma, porque el ciclista instantáneamente saltó del suelo, como si hubiese sido de goma, y muy apresurado chequeó su preciosa bicicleta para ver si estaba todo bien. Él parecía totalmente ignorante del hecho de que sus rodillas y codos estaban sangrando. Y Dios nos libre de que hubiese mostrado alguna emoción. Porque, por supuesto, los hombres no lloran.

Boquiabierta, al ver que él se montaba en su bicicleta, mi amiga pensó con tristeza: *Probablemente tendrá un infarto al corazón cuando tenga cincuenta años.* Cuando ella me contó esta historia, me pregunté ¿cómo habría reaccionado si me hubiese caído de mi bicicleta hace diez años, cuando yo también era un robot? Posiblemente habría tenido la misma reacción que el ciclista; habría pretendido que, en realidad, no pasó nada, que sólo fue un raspón y no me dolió.

Luego pensé en lo que habría hecho ahora y tuve una visión clara. Estaría sentada en el suelo, llorando como un bebé, preguntando dónde está mi asistente, porque ella sería capaz de arreglarme. Luego me levantaría y patearía la condenada bicicleta, que fue la causante de toda mi miseria. Después, probablemente, me reiría de mi misma y manejaría a casa.

En resumen, me hubiera permitido comportarme como una niña de cuatro años.

Algunas veces, cuando estés unificando, puedes sentir una profunda felicidad. Tus pensamientos se convertirán en una melodía distante de la cual apenas puedes distinguir las palabras, como si estuvieras envuelto en una tibia cobija de amor incondicional.

En otros momentos, puedes comenzar a sentir tristeza o rabia, tal vez por ninguna razón aparente. Todo esto es parte del proceso de crecimiento y de ninguna manera es un motivo para dejar de unificar. Como dije antes, cuando nos enfocamos en el amor-conciencia, todo lo que no está vibrando en una frecuencia alta comienza a caer naturalmente. Esto incluye las emociones que aprendimos a reprimir a lo largo de nuestra vida.

¿Cuántas veces has contenido tus lágrimas? ¿Cuántas veces has puesto una sonrisa falsa o escondido tu rabia? En la mayor parte del mundo, a los hombres se les enseña a no llorar porque tienen que ser fuertes, y no se supone que las mujeres se enojen, ellas tienen que ser graciosas y dulces todo el tiempo.

Hemos aprendido desde muy temprana edad a abandonar nuestros sentimientos, pero esas emociones suprimidas no han desaparecido. Yacen en lo profundo de nosotros, creciendo lentamente hasta que explotan en un ataque de ira o terminan en una depresión.

A medida que tu experiencia de amor-conciencia se expande, tus emociones comenzarán a fluir más espontáneamente. Los niños son un ejemplo perfecto de esto. Ellos no reprimen sus emociones, de modo que las mueven rápidamente, y vuelven a estar completamente presentes en todo. Cuando unificamos, estamos retornando a ese estado del ser.

Estamos recuperando ese nivel de conciencia, mientras que, al mismo tiempo, estamos viviendo una vida adulta madura. Esto es posible. De hecho, es fácil. Verás que a medida que tu conciencia se expanda, naturalmente te volverás más inocente, más espontáneo.

Como hemos aprendido a desconectarnos tan drásticamente de nuestras emociones, cuando empezamos a abrazarlas de nuevo puede ser muy incómodo. Es una nueva experiencia para nosotros, porque ya no estamos evadiendo nuestros sentimientos. Pero lo vale: finalmente, seremos capaces de liberar la presión que esas emociones refrenadas han dejado acumulada dentro de nosotros.

Algunas veces, cuando empezamos a liberar nuestra carga emocional acumulada, pensamos: "¡Espera un segundo. Me estoy sintiendo peor que antes! ¡Yo no me sentía completamente satisfecho, pero al menos no estaba llorando!" Si te sucede esto, confía en que no estás empeorando; es sólo que la falsa máscara que antes llamabas felicidad se está cayendo, y estás comenzando a ser real contigo mismo. Este proceso puede ser confrontante, pero la dicha que trae aparejada es genuina. Es *verdadera* felicidad, y nada tendrá el poder de quitártela. Empezarás a despertarte feliz sin ninguna razón aparente, y continuarás sintiéndote naturalmente feliz todo el día.

Si nuestra satisfacción puede ser afectada por cualquier cosa, es ilusoria. Está basada en nuestros apegos, en la aprobación de las otras personas o en que las cosas que nos rodean luzcan de cierta forma. Cuando encontramos la verdadera plenitud dentro de la experiencia del amor-conciencia, no hay miedo, porque nunca podemos perderla, esto es lo que somos.

La vulnerabilidad es algo que tendemos a evitar a toda costa en la sociedad moderna. Consideramos que es una mala palabra. Sin embargo, la fuerza se encuentra en la vulnerabilidad. ¿Por qué? Porque cuando somos vulnerables, estamos siendo reales. Estamos siendo transparentes y completamente honestos. Hay un gran poder en la vulnerabilidad, el poder de la verdad.

Cuando te permites estar en tu perfección, les estás dando a los otros la libertad de hacer lo mismo. Estás apoyando a todos a tu alrededor en su propia grandeza, en su propia perfección.

Todo lo que necesitamos hacer es estar presentes en el cuerpo y ciento por ciento vulnerables desde un lugar de inocencia. A medida que soltamos las expectativas del intelecto y paramos de juzgar nuestra experiencia humana, nos volvemos divinos.

4. Hacer ejercicio

Cuando unificamos, no es sólo nuestra percepción lo que está cambiando. El cambio vibracional que ocurre cuando pensamos las facetas afecta todo el sistema nervioso. La frecuencia del amor-conciencia progresivamente actualiza las células de nuestro cuerpo.

> Recuerda, cuando piensas una faceta, espera siempre un momento para dejar pasar cualesquiera otros pensamientos. No es necesario hacer esfuerzo físico o mental, sólo unifica de una manera gentil y relajada.

En la presencia de una vibración alta, cualquier vibración baja naturalmente se eleva. Cuando esto sucede durante la unificación, todo lo que vibra en una frecuencia baja en nuestro cuerpo, tal como las toxinas, el estrés y la tensión física, comienza a desaparecer de forma natural.

Puedes ayudar al cuerpo a remover el estrés y las toxinas que están aflorando a la superficie haciendo algo de ejercicio. Cualquier tipo de ejercicio es benéfico, caminar, correr, bailar, nadar, hacer yoga; cualquier deporte o actividad física que disfrutes. Vamos a tratar de hacer un mínimo de media hora por día.

5 Beber agua

Otra forma de ayudar al cuerpo en su proceso de sanación es beber agua. El cuerpo usa líquido para limpiar las toxinas que están siendo liberadas, y por eso durante la unificación se deshidrata más rápidamente de lo usual. Debido a esto, es importante beber al menos un litro y medio de agua por día. Esto ayudará a tu cuerpo a eliminar el estrés. Si no estás acostumbrado a tomar mucha agua, trata de mantener una botella en tu escritorio o en la mesita de noche, y beber cada vez que te acuerdes. En cualquier caso, encontrarás que tu cuerpo naturalmente comienza a pedirte agua, y empezarás a sentirte sediento a medida que te vuelves más consciente de sus necesidades.

6 Ser real

A medida que el proceso de sanación se desarrolla y los miedos del pasado se disuelven, también desaparecen las máscaras que cubrían esos miedos y los patrones de comportamiento que adoptamos para defenderlos.

Nos volvemos plenamente autoconscientes, percibiéndonos a nosotros mismos y a aquellos que nos rodean con una transparente honestidad. La claridad y la sinceridad crecen en nuestras relaciones personales cuando nos abrimos y abrazamos el mundo a nuestro alrededor con dichosa inocencia.

El siguiente ejemplo nos ayudará a explicar el proceso de autoaceptación que ocurre cuando nos volvemos más auténticos.

Imagina que eres una manzana con una adorable piel brillante. Tu piel está pulida y luce hermosa para el mundo que la ve.

Esa piel pulida es como las personalidades que nosotros le presentamos al mundo. Nuestras personalidades son esencialmente máscaras que nos ponemos, para representar ideales de cómo pensamos que deberíamos comportarnos y de lo que deberíamos hacer. Estos ideales nos dicen que deberíamos ser personas amables, que no deberíamos enojarnos, que debiéramos ser exitosos, que debiéramos ser padres amorosos: nos proveen de un billón de pretensiones acerca de cómo deberíamos ser.

Caminamos por la vida pretendiendo ser estos ideales. Mantenemos nuestra superficie externa pulida, pero el centro, la esencia de quienes somos, tiene un gran gusano dando vueltas dentro. Este gusano ha sido alimentado por la rabia, la depresión, la pérdida del espíritu y el autoabandono.

Para que la superficie de la manzana esté verdaderamente brillante, verdaderamente luminosa, tenemos que ir adentro y remover lo que no es real. Ese gusano grande y feo ha estado nadando en nuestro subconsciente, bloqueando la luz del amor incondicional que brilla desde nuestra esencia.

Las facetas van adentro y comienzan a disolver este gusano; lo arrancan pedazo por pedazo. Cuando los pedazos salen, llegamos a ver las mentiras que hemos dicho al mundo y a nosotros mismos. Llegamos a ver las máscaras que nos hemos puesto. Oímos las voces que nos mantienen en la limitación. Comenzamos a hacernos autoconscientes y, al mismo tiempo, nos volvemos conscientes de lo que no somos. La esencia o el centro de quien eres es el amor-conciencia, que es ilimitado, un amor que nunca cambia. A medida que la conciencia de nuestra esencia se expande, también se hace muy claro para nosotros lo que no somos; nos permitimos ver esto y ver a través de esto. Nos permitimos ser esos pedazos de gusano que están atrapados dentro de nuestro hermoso centro, y luego los expulsamos. Expulsamos cada pedazo que no nos sirve.

Luego el amor en nuestro centro, que antes estaba eclipsado por el gusano, vuelve a brillar. La pulpa de la manzana está limpia y todo se vuelve integral y completo. La superficie toma una nueva brillantez luminosa, que es verdadera, que es natural, porque ha abrazado cada aspecto de sí misma. Ha abrazado todas las partes que no quería ver.

Para ser divinos, tenemos que estar dispuestos a ser ciento por ciento humanos. Tenemos que estar dispuestos a abrazar cada aspecto que juzgamos de nosotros mismos.

Necesitamos abrazar la codicia, el miedo, los celos, la rabia, el egoísmo. Necesitamos abrazar cada parte que hemos estado escondiendo debajo de la piel de la manzana falsamente pulida para que podamos ser íntegros y completos.

Una persona que experimenta amor-conciencia no es un hacedor de buenas obras. Una persona consciente no es alguien que da incesantemente para recibir aprobación. Tampoco es alguien que abandona su grandeza para poder encajar, ni alguien arrogante, engreído, o que de alguna u otra manera enmascara una multitud de cosas que percibimos como pecados. Una persona consciente es tan sólo un niño inocente que vive ciento por ciento en cada momento, dando amor a sí mismo y a todos los demás, pues sabe que ellos son él mismo. Éste es el Yo de la unidad, el Yo del amor, de la iluminación.

El Yo de la personalidad, o el ego, es sólo un gusano gordo que ha estado deslizándose por ahí, mascando la pulpa y deteniendo la luz que emana del centro. Es también muy importante que amemos al gusano, porque él también es amor.

7 Hablar tu verdad

En la sociedad moderna hemos aprendido a mentir todo el tiempo. Mentimos para complacer a los otros y recibir aprobación. Mentimos para defendernos, para esconder partes de nosotros que hemos aprendido a juzgar como malas o inapropiadas. Pensamos: *Es sólo una mentirita*, ¡pero hay cientos de ellas! Nuestro mayor miedo es no recibir aprobación. Este miedo es muy fuerte porque queremos desesperadamente que la gente nos ame.

Cuando comenzamos el viaje de regreso a casa, a nosotros mismos, empezamos a hablar nuestra verdad. Al principio lo harás sólo algunas veces. Posiblemente estarás con mucho miedo de hacerlo, pero necesitas empujarte más y más a ser real, a pararte en tu propio poder. Para hacer esto, debes anclarte en un espacio de paz y estabilidad, en el amor-conciencia. El amor-conciencia puro está tan anclado en el amor incondicional, tan completo en sí mismo que no transige con el afuera. No tiene miedo de perder algo externo, porque sabe que esto es una ilusión.

> ¡Estás pensando una faceta? Está bien sentir emociones.

Cuando mentimos, nos estamos abandonando; no nos estamos amando. Cada vez que nos modificamos para recibir amor, estamos separados de nosotros mismos. Hablando nuestra verdad, por otro lado, nunca transigimos en la búsqueda de la aprobación del afuera.

La verdad es como un músculo, el músculo del corazón. Mientras más lo flexionas a través de hablar tu verdad, más fuerte se tornará tu capacidad de ser verdadero. Luego la verdad desarrolla una energía que se mueve hacia fuera, la energía del corazón. Lo importante es estar dispuestos a ser humanos, a ser transparentes y caminar a través de tus miedos, como, por ejemplo, el miedo a perder la aprobación de las otras personas. Luego el músculo de la verdad empieza a desarrollarse con gran fuerza.

Pero esto es un proceso. No se trata de ser rígido. En cada momento, empújate a ser más verdadero contigo mismo. Esto no es fácil. De hecho, es muy difícil porque hemos hecho exactamente lo opuesto toda la vida.

Te voy a dar un ejemplo. Una vez, siendo yo niña, vino a visitarnos mi tía Leslie. Ella trajo su cazuela especial de pollo. No sé qué le ponía a esta cazuela, pero siempre tenía un sabor gomoso, como si tuviese gelatina, y yo encontraba esta textura masticable bastante horrible. Cuando ella estaba por marcharse, mi madre dijo: "¡Cariño, la tía Leslie vendrá a visitarnos de nuevo muy pronto, y, por supuesto, traerá otra cazuela de pollo!" La tía Leslie estaba sonriéndome, con sus ojos llenos de amor, mientras yo instantáneamente respondí sin pensar: "¡Huácala, odio esa cazuela de pollo!" Mi madre me fulminó con la mirada, y yo traté, sin éxito, de cubrir lo que había dicho con una mentira. Me recuerdo pensando más tarde cuán contradictoria era la vida. Mi madre siempre estaba diciéndome que yo nunca debía mentir, pero cuando dije la verdad, me miró con unos ojos que podían matar. Aparentemente en ese momento aprendí que, de acuerdo con mi madre, ¡no era que nosotros *nunca* debíamos mentir, sino que debíamos aprender cuándo era apropiado hacerlo!

Cuando somos adultos, hablar con la verdad es una de las cosas más difíciles de hacer, porque pensamos que hay algo malo con nosotros: que si nos mostramos exactamente como somos, seremos rechazados o juzgados por aquellos que nos rodean. Entonces, nos adaptamos a la opinión general para poder encajar, aunque eso signifique abandonar nuestra propia verdad. A medida que expandes tu conciencia, ves que cuando estás buscando amor en el afuera, en lugar de anclarte adentro, estás separado de ti mismo. Cuando hablas falsedades ya sea para que la gente te acepte, para no ofender a nadie o para evitar problemas, o cuando mides tus palabras cuidadosamente antes de hablar, estás separado de ti mismo.

Cuando miro al mundo, veo un montón de situaciones en las cuales la gente piensa que está bien mentir, ya que ha sido su manera de vivir durante mucho tiempo. A medida que la conciencia se eleve, esto ocurrirá cada vez menos porque todas las mentiras están basadas en el miedo. Sentimos la necesidad de mentir cuando estamos tratando de proteger algo, cuando percibimos carencia de algo, o cuando sentimos necesidad de defender nuestra imagen. Todas estas cosas son ilusorias y están comenzando a cambiar.

Entonces, ¿cómo abordamos el hablar nuestra verdad de una manera delicada y no reactiva, como lo fue mi respuesta a la tía Leslie? ¿Cómo hablar nuestra verdad cuando puede lastimar a alguien cercano o amenazar nuestro propio bienestar? Un colega recientemente se presentó ante mí con algunos escenarios hipotéticos difíciles sobre este tema:

Si tú fueses una madre soltera que apenas puede mantener a tres niñitos y no te gusta tu jefe, y estás en desacuerdo con sus manejos en la empresa, ¿se lo dirías, sabiendo que te despediría por eso y que tendrías dificultad para conseguir otro trabajo, poniendo así en peligro la felicidad de tus hijos o incluso su supervivencia?

Si tu amante ha dedicado diez años a escribir una novela y finalmente te deja leerla, y piensas que es terrible, ¿se lo dirías?

Percibo que estas preguntas son muy válidas. Cuando comenzamos a hablar nuestra verdad y a expandir el amor-conciencia, no nos convertimos en unos brutos insensibles. Es exactamente lo opuesto, sentimos compasión y amor por todos los que nos rodean. Las cosas que solían causarnos enojo, ya no nos enojan más. Tendemos a hablar desde nuestros corazones.

Mentirles a las personas no les sirve de nada; no les da oportunidad para crecer. Pero cuando nos sentamos con las personas y hablamos desde nuestros corazones y compartimos cómo nos sentimos en realidad, inicialmente ellos pueden sentirse ofendidos, pero, por lo general, estas verdades conducen a un mayor crecimiento, una mayor aceptación y más oportunidades. Cuando las personas transigen con su verdad, crean más transigencia, resentimiento y desilusión. Cuando las personas se sostienen en la verdad, desde un lugar de amor, crean más amor. Cuando ocultamos nuestra verdad y, además, reaccionamos, usualmente lo hacemos desde un lugar de escasez y victimización, pero a medida que expandimos nuestra conciencia empezamos a crear las cosas que necesitamos en nuestras vidas.

Entonces, en el ejemplo de la madre soltera que mantiene a sus niños, estar en este aprieto no significa que ella debería permitir ser tratada como un felpudo o pensar que no puede crear algo más. Ella, al empezar a amarse incondicionalmente, vería que es una poderosa creadora capaz de realizar exactamente lo que necesita. Se daría cuenta de que su jefe podría estar abierto a escuchar sus opiniones, y que la honestidad no conduce necesariamente a ser despedidos.

Recuerda pensar una faceta. El poder está en este momento.

En el ejemplo del novio con la novela mala, hacerle un elogio falso no le daría la oportunidad de mejorar él mismo y su libro, y solamente reforzaría sus limitaciones. En lugar de eso, su pareja podría ofrecerle compasiva y constructivamente algunas sugerencias concretas para que mejore la novela. Si ella le habla desde un lugar de amor, su novio ciertamente lo sentiría y tomaría sus sugerencias con calma.

Yo soy muy afortunada porque tengo gente a mi alrededor que es honesta. Ocasionalmente he producido libros que eran, cuando menos, mediocres, pero por haberme abierto a escuchar y a ser apoyada por otros con más experiencia, he conseguido crear algo realmente excepcional. Hablar la verdad les permite a las personas pararse en su poder, ir más allá de la mediocridad, pero, por supuesto, comienza contigo.

Capítulo 7

Desplegando tus alas: Los efectos transformadores de una vida en unión

A medida que el amor-conciencia se expande, ciertos rasgos comienzan a crecer naturalmente dentro de nosotros. Al identificar estos rasgos y asumirlos como señales que nos indican el camino, somos más conscientes de dónde proviene nuestro miedo y cómo podemos acercarnos más a la libertad interior.

La conducta iluminada no sigue una moral rígida o un modelo ético, sino que escoge naturalmente las acciones que vibran en el amor-conciencia. El amor-conciencia es amor. Lo único que hace –lo único que *puede* hacer– es dar amor.

Las cualidades que tratamos de encarnar para poder convertirnos en buenos ciudadanos vienen naturalmente con la iluminación. La iluminación no roba la tienda de la esquina: siempre le hace a los otros lo que se hace a sí misma, desde un lugar de amor incondicional. La iluminación nunca se abandona a sí misma por no hablar la verdad. Siempre actúa desde un lugar de conciencia e integridad. Los humanos raras veces son íntegros. Se requiere grandeza para sostenerse en la integridad dentro de la corrupción de la sociedad moderna. Constantemente mentimos, usamos máscaras sociales, vamos a la guerra, robamos, manipulamos a nuestros seres amados para poder recibir lo que queremos, seducimos, negamos nuestra verdad para complacer a los demás, decimos que "sí" cuando queremos decir que "no". No es que haya algo intrínsecamente malo con estas acciones, pero necesitamos discernir entre lo que nos sirve y nos trae dicha, y lo que nos trae resentimiento y sufrimiento. Es así de simple.

Las personas frecuentemente tratan de ignorar la verdad dentro de sí mismas, puliendo la piel de sus manzanas para aparentar perfección, mientras la pulpa en el centro se está pudriendo. ¿Es esto integridad? No. Esto es abandono de nosotros mismos. Esto es lo que causa enfermedad, depresión, baja estima y separación de ti mismo y de los que te rodean.

> Piensa una faceta y observa dónde te estás abandonando.

Todos tenemos partes de nosotros mismos que juzgamos. Todos tenemos secretos, cosas que pensamos que hicimos mal, por las cuales nos reprochamos. Todo esto es basura. No es la verdad. Tú nunca has hecho nada malo. Nunca. Tú sólo estás teniendo una experiencia y puedes hacer nuevas elecciones en cada momento. Sólo di: "No me gusta esta elección. Ahora, voy a hacer una nueva."

Encontrar el amor en la cara de la enfermedad

Debido al poderoso efecto que tiene en el cuerpo, este sistema ha arrojado algunos resultados fenomenales en la cura de enfermedades. He visto innumerables casos de inmediato y permanente alivio del insomnio, las migrañas, la depresión, los ataques de pánico y muchos otros problemas relacionados con el estrés. También he visto personas que se libran de enfermedades supuestamente incurables.

No obstante, este sistema no debe usarse como un reemplazo del tratamiento médico regular. Aunque es sabido que la reducción del estrés –que se libera como consecuencia de la unificación– da lugar a grandes cambios físicos, la expansión del amor-conciencia no es una cura milagrosa para todas las enfermedades. También he conocido personas que murieron después de aprender este sistema, pero murieron en un estado de paz enorme, con mucho menos miedo. El Sistema Isha no necesariamente elimina las enfermedades. Puede hacerlo, o puede que no. Algunas personas sanan; otras no.

La enfermedad no siempre es algo malo. Puede servir como un llamado para despertar. Algunas veces un encuentro cercano con la muerte puede provocar un profundo cambio en nuestra percepción de la vida. El libro de Paulo Coelho, *Verónica decide morir,* ilustra esto hermosamente. Cuenta la historia de una joven a quien le dicen que va a morir y al saber esto, aun cuando después resulta no ser verdad, ella redescubre la magia de vivir.

Nunca entendemos completamente por qué suceden las cosas, por qué la gente tiene diferentes experiencias, o por qué las personas son tocadas por otras de diferentes maneras, en el hospital o tal vez simplemente en la fila del supermercado. Las cosas pasan por diferentes razones.

¿Cómo podemos encontrar el amor en el rostro de la enfermedad? Viviendo perfectamente en el momento y expresando exactamente lo que está pasando dentro de nosotros. Siendo vulnerables y sensitivos y no asumiendo lo peor, abrazando cada segundo y encontrando la magia y el amor en eso.

Abraza el amor que te rodea ahora. Si te enfocas en lo que piensas que vas a perder, eclipsas la luz del presente con la sombra del futuro. La inocencia es siempre la misma. Si somos inocentes, no hay nunca nada malo. Podemos elegir el amor o el miedo. Podemos abrazar la belleza de lo que tenemos, o enfocarnos en lo que estamos perdiendo.

Ésta es la historia de una mujer que practica el Sistema Isha y de cómo éste ha cambiado su percepción de la enfermedad.

> He sufrido de artritis reumatoide por los últimos cuatro años. Pasé los dos primeros años en cama; el dolor punzante que corría por mi cuerpo era insoportable. Me sentía sola y deprimida, incapaz de comprender por qué estaba ocurriéndome esto; apenas tenía veinticinco años de edad, con una bebita a quien cuidar. Con la práctica del Sistema Isha me siento mejor más frecuentemente, y cuando lo practico, puedo caminar. Un día me sentí tan bien que lo único que quería hacer era salir y tomar aire fresco. Busqué mi bastón y salí. Caminé casi dos millas con mi bastón colgado en el hombro.
>
> Ahora, cuando viene el dolor, ya no me siento deprimida porque sé que estoy avanzando. Hoy continúo practicando el Sistema Isha porque me he comprometido a sanarme completamente. He soltado el miedo a lucir estúpida y a expresar mis emociones delante de los demás. Me di cuenta de lo valiosa que soy y cuán grande es mi ser, al punto en que ahora le doy gracias a mi enfermedad: fue mi artritis lo que me trajo al sistema, el pasaporte a mi propia sabiduría interna que hoy está permitiéndome escoger el amor en vez del miedo.

Puedes encontrar dicha en medio de las circunstancias más horroríficas si estás enfocado en el amor. Allí es donde está la inocencia. La inocencia es una elección que puedes hacer en cada momento. Es una elección por el amor.

Remover tus máscaras

En la sociedad moderna hemos aprendido a escondernos detrás de las máscaras sociales de lo que consideramos es el comportamiento correcto. Constantemente ignoramos lo que estamos sintiendo o pensando para recibir la aprobación de quienes nos rodean.

Fingimos todo el tiempo para ser aceptados por otros, pero la ironía es que todos hacemos exactamente lo mismo. Creemos que estamos haciendo un gran trabajo convenciendo a cada uno de que "realmente me gustas; eres grandioso", mientras pensamos: *¡Te odio tanto! ¡No quiero volver a verte!* En realidad no estamos engañando a nadie, todos pueden ver a través de nuestro acto, porque ellos interpretan el mismo papel.

Requiere valor quitarte tus máscaras, pero sorprendentemente, cuando en definitiva lo hagas, recibirás más aprobación que nunca, porque te estarás aprobando tú mismo.

Una de las trampas en el camino a la autorrealización es la adopción de una máscara "espiritual", que reemplaza las viejas máscaras que aprendimos de la sociedad. Quedamos atrapados en la idea intelectual de cómo debe lucir una persona espiritual, y creamos un *ego espiritual.* Luego, debido a nuestra apariencia externa, nuestros hábitos alimenticios, nuestras largas horas de práctica o nuestros muchos seguidores, consideramos que estamos en un lugar de iluminación, cuando, de hecho, no lo estamos. ¡Creamos una nueva caja de ideas y reglas de cómo se supone que debemos comportarnos, basadas en las mismas enseñanzas que fueron diseñadas para romper nuestras cajas!

La completitud absoluta o iluminación no tiene una caja. Es totalmente ilimitada, sólo se mantiene expandiéndose y expandiéndose, eternamente.

Este sistema trae tu atención de vuelta a tu corazón. A medida que lo usas, te darás cuenta de que remueve todo lo que no es real. Le quita el poder a la raíz del sufrimiento y lo sustituye con el amor-conciencia. Hasta que hemos destruido la raíz del sufrimiento dejamos de cubrirlo con máscaras sociales.

Para que verdaderamente te comportes como Jesús, por ejemplo, tienes que *ser* Jesús. No es bueno simplemente seguir una serie de reglas, porque esas reglas no son tu experiencia. Tú estás sólo interpretando un papel, siendo un personaje, pero ese personaje no eres tú. Para ser divino, tienes que permitirte ser absolutamente humano. Para ser divino, tienes que *convertirte* en las facetas Isha. Para ser completo, tienes que elevarte por encima de la *matrix* de la mente.

Nuestras máscaras nos hacen sentir seguros y cómodos, pero la comodidad es una de las grandes causas de nuestro descontento. Pensamos que nuestras máscaras y la comodidad que nos dan, nos hacen felices, pero en realidad detienen nuestro crecimiento como individuos, dejándonos sofocados e insatisfechos. Nuestras máscaras nos hacen rígidos y estáticos. Se chupan la espontaneidad, flexibilidad y el crecimiento de la vida. El aspecto más grande de la experiencia humana es la evolución, volverse más, más excelencia y, finalmente, más amor. Hasta que dejemos nuestras máscaras, no podremos evolucionar verdaderamente.

> *Gracias al amor por mi experiencia humana en su perfección. Atención: profundo en el corazón.*

Amo ver a los gauchos entrenar a sus caballos. Siempre los empujan a evolucionar, a ir más allá de sus limitaciones. Nunca les permiten estar cómodos dentro de sus miedos. Recuerdo a uno de ellos llevar con paciencia una potrilla dentro del océano. Al principio ella estaba asustada. No quería meterse al agua. El océano es enorme, ella nunca antes había visto algo como eso y era atemorizante. Pero el gaucho gentilmente persistió, insistiendo en que ella entrara. La potrilla metió un casco y comenzó a chapotear el agua, tratando de comprender qué era. Luego, finalmente, metió las cuatro patas. Inmediatamente, el agua perdió su aura de terror. Se convirtió en su patio de juego. Ella chapoteó y bailó, metió su cabeza, lanzó el agua hacia arriba. Fue un deleite. Ésta es, a menudo, la consecuencia de la vida. Percibimos algo nuevo como peligroso, pero si saltamos dentro de la experiencia, sumergiéndonos en las profundidades de lo desconocido, encontramos muchos nuevos y maravillosos patios de juego.

Esto es lo que significa ser ilimitado, estar abierto a recibir. A medida que tumbamos todas nuestras paredes, abriendo nuestras mentes y permitiéndoles a nuestros corazones aventurarse dentro de lo desconocido, esta creación llamada vida se convierte en el más grande parque temático. Es dentro de la incertidumbre de lo desconocido que verdaderamente comenzamos a vivir. Dentro de nuestra comodidad sólo nos estancamos, engordamos y nos volvemos aburridos. Hasta que caminemos a través de nuestros miedos conoceremos la dicha que nos espera del otro lado.

La siguiente historia, de una estudiante del Sistema Isha, quien es hoy una de las maestras entrenadas por Isha para enseñar su sistema, ilustra perfectamente la libertad que viene al remover nuestras máscaras.

> Comencé a vivir a los cuarenta años de edad. Hasta entonces había estado en piloto automático, cumpliendo las funciones que habían sido seleccionadas para mí por mi familia, por la sociedad en la cual vivía, y según las creencias que había adoptado sobre cómo debía ser la vida de una mujer en esos tiempos.
>
> Era socialmente entendido que para ser completa tenía que casarme, tener hijos y graduarme, y, al mismo tiempo, balancear una carrera exitosa y la vida social. Se daba por sentado que yo sería capaz de mantener todo esto en perfecta armonía, sin quejarme.
>
> Mi deseo de ajustarme a estas expectativas fue impulsado por una profunda carga emocional. Desde niña traté desesperadamente de recibir la aprobación de los que me rodeaban y, para obtenerla, era capaz de transigir hasta los extremos. El tiempo convirtió estas tendencias en hábitos subconscientes. Por ejemplo, aprendí que para ser amada y aceptada nunca debía llorar ni sentir celos. Otro hábito que adopté fue mentir compulsivamente para hacerme lucir más interesante.

Hasta los cuarenta años, viví segura dentro de la ilusión de que estaba cumpliendo exitosamente mis responsabilidades, insertándome cómodamente dentro de la sociedad en la que vivía. Tenía tres niños con mi esposo, y la vida marital era un pacífico sueño sin lágrimas ni celos. Además de mi carrera de profesora de matemáticas en la universidad local, llevaba una vida social intensa, debido a la profesión militar de mi esposo. Mis días eran ajetreados, y era una constante batalla mantener todo en orden. Pero dentro de toda esta actividad, yo había perdido toda noción de quién era y qué quería realmente.

Luego, todo cambió. Recibí un llamado brutal para despertar, como si repentinamente la luz se hubiese encendido y los aspectos de mi mundo que habían sido encubiertos en las sombras salieran a la superficie. Descubrí la infidelidad de mi esposo con una muy cercana amiga nuestra. Cuando él se halló en evidencia, respondió, con asombrosa inocencia, diciéndome que este tipo de cosas habían estado sucediendo durante todos los dieciocho años de nuestro matrimonio, como si esto hubiese sido una parte normal de nuestras vidas. Me explicó gentilmente, como uno podría decirle a un niño, que estas aventuras amorosas no habían afectado nuestra pacífica vida marital de ninguna forma, porque, afortunadamente, yo no era del tipo celoso.

Me mantuve en estado de choque por un corto tiempo. Entonces comencé a probar diferentes terapias para poder adaptarme a mi nueva realidad. Empecé a hacerme algunas preguntas, preguntas muy importantes que nunca antes me había hecho: *¿Qué quiero para mi vida? ¿Para qué estoy viviendo? ¿Qué quiero lograr para sentir que la vida es digna de ser vivida?*

Me hice consciente de las máscaras que había estado usando por tanto tiempo. Caí en cuenta de que el hombre con quien había pasado los últimos dieciocho años era un perfecto extraño para mí, como lo fueron mis padres, mis hermanos y mis hijos. Yo también era una perfecta extraña para ellos y, lo peor de todo, era una extraña para mí misma. No era la única fabricante de máscaras. Todos lo éramos. Nuestras máscaras eran tan elaboradas que nos habían engañado a nosotros mismos. Comencé a darme cuenta de que eso que vemos en la superficie de la vida no era la realidad, que debía haber algo esencial que nos unía a todos, algo infinito y maravilloso que por alguna razón pensábamos que debíamos mantener escondido y protegido. Esconder y proteger eso era la razón por la cual usábamos las máscaras. En ese momento supe que tenía que descubrir qué era ese algo, y entonces la búsqueda de mi esencia comenzó.

Empecé a cuestionar diferentes aspectos de mi vida. Me di cuenta de que no estaba realizada con mi carrera. Entrenaba a personas que no tenían vocación para enseñar y sólo estaban allí porque era la única opción de educación superior disponible para ellos. Pensé: *¿Esta gente es la que va a enseñarle matemáticas a nuestra juventud? ¡Ahora veo por qué los chicos odian tanto las matemáticas!* Renuncié a mi trabajo.

Luego me percaté de mi cuerpo. Me di cuenta de que mi peso era excesivo. Encima de eso tenía depósitos de calcio en mis coyunturas y muchos dolores. Me di cuenta de que, a pesar de los extensivos tratamientos convencionales, mi salud se había deteriorado gradualmente. Comencé a explorar con la medicina alternativa y la homeopatía, y me volví vegetariana.

Estos cambios en mi vida diaria eran impulsados por mi búsqueda interna. Recorrí muchos caminos espirituales, incluyendo la Metafísica Cristiana, el Método Silva de Control Mental y las enseñanzas de Marla de México. También aprendí a meditar y hacer yoga, tai chi y muchas otras prácticas.

Siete años después de descubrir la infidelidad de mi esposo me pregunté si quería convivir durante mi vejez con alguien con quien ya no compartía ningún interés. A estas alturas, lo único que compartíamos eran las obligaciones paternales. Los nuevos caminos que había explorado me hicieron darme cuenta de lo poco que teníamos en común. ¡Ya ni siquiera comíamos las mismas cosas! La respuesta a mi pregunta fue un enfático "¡NO!", y solicité el divorcio.

Mi búsqueda continuó, pero comencé a sentir los efectos de la vejez. Todavía tenía depósitos de calcio en mis coyunturas y, aunque no habían empeorado, limitaban mucho mi movilidad. Traté de aprender meditación zen, pero era imposible para mí sentarme correctamente en el taburete de meditación. Otras disciplinas tienen requerimientos posturales que yo tampoco podía cumplir. Por ejemplo, no podía sentarme en posición de loto o mantener mi espalda recta por largos períodos.

Aprendí reiki, sanación con las manos y otras técnicas que disfruté inmensamente como una forma de dar, pero todavía buscaba mi esencia. A los sesenta años de edad había dedicado veinte años a esa búsqueda y aún me sentía toda una vida lejos de mi objetivo.

Comencé a perder la esperanza de alguna vez encontrar lo que estaba buscando. Finalmente encontré *Un Curso en Milagros*. ¡El problema era que no lo entendía! Pero a pesar de que el texto era muy pesado para mí, practiqué los ejercicios regularmente.

Decidí que no iba a tomar cursos acerca de *Un Curso en Milagros*, ya que el mismo libro decía que, para comprenderlo, el único requisito era "la buena intención, y que el Espíritu Santo te ayudaría a comprender". Entonces me abstuve de tomar algún curso en el cual alguien trataría de explicarme lo que el Espíritu Santo quería que yo entendiese. Así pasaron tres años, y cada día continuaba deteriorándome físicamente, cayendo más profundo en la trampa de mi inercia mental.

El Sistema Isha llegó a mi vida de un modo indirecto e inesperado. Una de mis sobrinas estaba viviendo conmigo. Ella era muy depresiva y una de sus terapeutas le recomendó que aprendiera el Sistema Isha. Los cambios en ella fueron dramáticos y rápidos. El sistema sanó su insomnio y su malhumor tan rápidamente que dieciséis miembros de mi familia, incluyéndome, hicimos el siguiente curso que se impartió en nuestra ciudad.

La primera sorpresa que tuve en el curso fue muy agradable: ¡las facetas eran muy fáciles de practicar! No requerían ninguna postura difícil y la única forma de hacerlas mal era no hacerlas en absoluto. En ese momento me di cuenta de que en todos los caminos espirituales que había seguido siempre tuve la impresión de que estaba haciendo algo mal, aparte de las posturas difíciles. Todo había sido muy complicado para mí, y mi miedo a cometer un error inhibía mi progreso. Fue maravillosamente liberador encontrar un sistema tan simple, pero al mismo tiempo tan profundo en términos de la experiencia. ¡Qué alivio!

Yo tenía sesenta y dos años cuando aprendí el Sistema Isha. Si la búsqueda del significado de mi vida había comenzado a los cuarenta años, el encuentro con ese significado empezó a los sesenta y dos.

Mientras me sumergía más profundo en la práctica, comencé a darme cuenta de que, durante mi recorrido por el mundo espiritual, sólo había reemplazado un sistema de creencias por otro. Además de reprimir mis sentimientos de tristeza y celos, había agregado el enojo a la lista de emociones inaceptables, ya que erróneamente había entendido que una persona espiritual no siente rabia, sino que en vez de eso debe perdonar a todos sin cuestionar.

Fue obvio para mí que mi nuevo conjunto de creencias era todavía más rígido, todavía más meticuloso, sofocante y consumía más tiempo que el que tenía antes. Todo en mi vida estaba totalmente regulado por mis creencias, desde lo que podía comer hasta la orientación de mi cama para dormir, pasando por la música que oía, los aromas que perfumaban mi ambiente y el color de mi ropa los diferentes días de la semana. Había salido de un centro de detención sólo para entrar en una prisión de máxima seguridad. Esta rigidez me hizo aún más crítica de los otros, sentada en mi pedestal de pretensión de superioridad moral. Pero el Sistema Isha me liberó muy rápidamente de mi prisión, mostrándome la puerta a la libertad absoluta.

Después de unos meses de intensa práctica, logré hacer ejercicios de yoga que antes no era capaz de practicar. Mi cuerpo se tornó sorprendentemente más ágil y flexible.

Me entregué a practicar las facetas de la forma en que Isha recomendó. Dejé las prácticas que tenía anteriormente, incluyendo la estricta rutina dietética, el uso de la aromaterapia y la música, y dejé de colocar la cabeza en una orientación determinada cuando estaba en mis prácticas espirituales.

Mis emociones reprimidas comenzaron a salir. El río de lágrimas que había acumulado por décadas empezó a fluir torrencialmente. Surgieron recuerdos que me trajeron celos, ira y otros sentimientos que había tratado de enterrar, y me permití sentirlos y luego dejarlos atrás.

Mi necesidad de aprobación todavía era muy fuerte. A pesar de que había comenzado a darme cuenta de que mi hábito de mentir e inventar historias estaba basado en el miedo, continué haciéndolo. Una de mis historias inventadas fue un romance imaginario que afirmaba haber vivido, cuando tenía cuarenta y ocho años, con un joven de veinticuatro años de edad. En esta historia, tomé una pequeña parte de la realidad y le agregué una enorme cantidad de fantasía. Incluía episodios románticos que entretenían mucho a mis amigas.

A medida que continuaba sanando, se volvió cada vez más incómodo para mí no decir mi verdad. Cuando finalmente admití que el romance nunca había ocurrido, una de mis amigas más cercanas se enojó mucho conmigo. Sin embargo, confrontando su desaprobación, tuve la oportunidad de sanar mi propia necesidad de aprobación. Esto lo valía.

Después de un año de practicar el Sistema Isha, miré atrás y quedé atónita al ver los cambios que había sufrido. No entendía cómo algo tan simple podía funcionar tan bien. Previamente practiqué yoga, tai chi, meditación y había comido de formas muy saludables. También había seguido una prescripción estricta de la medicina cuántica. Sin embargo, mientras estos intentos previos habían sido apenas parcialmente exitosos, este sistema estaba sanando completamente mi vida. Los depósitos de calcio en mis coyunturas habían desaparecido totalmente y ahora podía flexionar y mover mis manos y pies. Había perdido veintiséis libras, las cuales, ocho años después, aún no he recuperado. Podía sentir mis emociones sin juzgarlas, y cada día era más "real". Me había quitado muchas máscaras y había revelado las mentiras de mis historias. Cada máscara que cayó y cada secreto que revelé me liberaron aún más. Ahora mi alegría era natural; ya no más tristeza escondida.

Pero, aunque estos beneficios físicos y emocionales por sí mismos habrían sido suficientes para considerar que valía la pena practicar el Sistema Isha, mi mayor triunfo ha sido la inmutable paz que se estabiliza más y más dentro de mí. Vivo cada día en el momento presente. No estoy apegada a nada del pasado, y cada vez que observo algo a lo que estoy apegada, puedo soltarlo rápidamente. Todavía disfruto de vivir en ambientes cómodos, pero mi felicidad ya no depende de eso. Tampoco estoy preocupada por el futuro. Ahora me siento como una creadora, en lugar de una víctima. Sé que cualquier situación que aparece en mi vida es un regalo para mi crecimiento.

Cuando regresé al mundo que había dejado atrás, lo primero que hice fue abrir *Un Curso en Milagros* en una página al azar. Comencé a leer y pude entenderlo. Después pensé: *Tal vez esa página era particularmente fácil.* Entonces repetí el proceso varias veces. ¡Todo estaba muy claro! Fui capaz de probar lo que le había oído decir a Isha: que su sistema nos llevaría a comprender las experiencias de las que hablaban maestros tales como Jesús.

También fui capaz de observar el contraste entre mi estilo de vida y el de otras personas de mi edad. Noté que lo que nos hace envejecer es nuestra mente. La mayoría de las personas de mi edad con las que estuve en contacto sentían que la mejor parte de sus vidas había quedado atrás, y vivían anhelando el pasado y las memorias de su juventud. Ahora puedo decir con orgullo que tengo setenta años de juventud acumulada. Ahora vivo rendida, abrazando la vida. Acepto y disfruto cada momento en su perfección. No necesito nada; no estoy esperando nada. En cada momento tengo todo. Esto ha convertido mis años dorados en la etapa más plena de mi existencia. He destruido las más grandes limitaciones de la vejez: el miedo y la resistencia al cambio.

Ya no necesito buscar el amor fuera de mí. Ahora el amor incondicional, la esencia misma de mi búsqueda, está aquí, para siempre.

Desapego

El desapego es considerado el ideal espiritual más grande de muchos buscadores en los días modernos, pero con mucha frecuencia es confundido con el abandono. Para lograr la iluminación, las personas piensan que necesitan *abandonar, perder o renunciar.* Por ejemplo, creen que tienen que renunciar a su riqueza material y vivir en estado de pobreza, o tal vez dejar sus familias o seres queridos para vivir en estado de castidad, sentados en la cima de una fría montaña, comiendo solamente arroz. Esto implica que nuestras vidas modernas, de alguna manera, son contrarias a la experiencia de amor interno, y debido a esto hay mucho miedo asociado con el desapego.

El verdadero desapego consiste en encontrar plenitud dentro de nosotros mismos y dejar de aferrarnos a las cosas desde un lugar de miedo, sufrimiento y necesidad. Cuando logramos esto finalmente nos liberamos nosotros mismos de la manipulación, el control y las otras respuestas basadas en el miedo que no tienen nada que ver con el amor.

Puedes ser un multimillonario con una esposa, una familia y una carrera exitosa, y aun así estar desapegado. Estas circunstancias externas en sí mismas no se interpondrán entre tú y tu libertad interna; pero, para iluminarte, tu mayor enfoque tiene que ser la unión contigo mismo. No tienes que ir a vivir en una cueva en el Himalaya para lograrlo, de hecho, eso no te servirá de nada, porque tan pronto regreses al mundo encontrarás que tus apegos ¡están justo donde los dejaste!

> Amor me crea en mi perfección. Atención: profundo en el corazón.

Lo que importa no es la presencia o la ausencia de cosas en tu vida, sino que tú estés apegado a ellas o no. Suelta todos los sistemas de creencias negativas y las ideas falsas, y encarna tu grandeza en cada momento. Renuncia al control y encuentra plenitud dentro. Sé siempre amor-conciencia en acción. Ánclate profundo adentro, y muévete por la vida con sabiduría.

El desapego es algo que sucede naturalmente a través de la expansión del amor-conciencia. No es algo por lo que tengamos que luchar. Cuando comenzamos a encontrar completitud dentro de nosotros mismos, nuestra necesidad de agarrarnos a las personas o posesiones que nos hacían sentir seguros, se cae. Sólo entonces podemos verdaderamente disfrutar las cosas que tenemos alrededor, ya que somos finalmente libres del temor subyacente a la pérdida. En la siguiente historia, uno de mis estudiantes habla de cómo logró liberarse de su apego a buscar la fama y el reconocimiento.

He sido actor por más de treinta y cinco años. Mi pasión por crear nuevas personalidades me mantenía a la caza de proyectos excitantes y desafiantes. Cuando comencé a aparecer en televisión, mi situación económica cambió de manera espectacular. Hice mucho dinero y logré un amplio reconocimiento.

Las puertas estaban abiertas para mí dondequiera: no había nada que yo no pudiera lograr. Pero al pasar el tiempo comencé a identificarme con los personajes que creaba. En retrospectiva, veo que nunca me valoré, que mi aparente seguridad dependía completamente de mi estatus, de "ser alguien". Por dentro, tenía miedo a la muerte, inseguridad e infelicidad. Desesperado por el amor y la aprobación, me escondía detrás de la frágil máscara del éxito y la aparente satisfacción. En realidad, estaba totalmente desconectado de mí mismo, hipnotizado por la apariencia de felicidad y éxito.

Debajo de la superficie yacía mi corazón, abandonado y olvidado. Pero pronto empezó a llamarme. Al principio fue muy suave, difícilmente lo escuchaba, pero con el tiempo esa voz se hizo más fuerte. Esta voz interior fue lo que me trajo al Sistema Isha.

Ahora, mi vida está dedicada a despertar. El sendero por el cual viajo está acercándome más a este deseo.

Ahora siento tanto amor, un amor que surge de la simple alegría de estar vivo, de abrazarme a mí mismo exactamente como soy, en mi propia y única perfección. Nunca antes sentí esto. Pero siempre, siempre lo estuve buscando.

Soltando las adicciones

Las adicciones son una forma de apego. Son un intento por aliviarnos momentáneamente del sufrimiento interno causado por nuestra necesidad de aprobación y el miedo al abandono.

Podemos ver comportamientos adictivos no sólo en las personas, sino también en la naturaleza, como el comportamiento de apareamiento de los sementales. No hay nada más majestuoso que la magnífica danza de deseo de la cual hace gala un padrillo frente a una yegua. Él brama y brinca, se encabrita y relincha, arquea su cuello, mueve sus crines. Si fuese un dragón, saldrían nubes de humo por su nariz. El sudor cubre su agitado cuerpo hasta que es tan oscuro como una noche sin estrellas. Su pasión es tan abrasadora que pierde de vista todos los otros objetivos, nunca se cansa, y no come ni duerme. No siente dolor, está obsesionado.

¿Con cuánta frecuencia hacemos lo mismo? Nos abandonamos, perdidos en el tormento autoinfligido del deseo y la adicción. Todo esto es muy romántico, pero la verdad es que mientras más obsesivos somos con algo en el afuera, menos podemos tolerar el estar con nosotros mismos.

Cuando te veas obsesionado con algo, es el momento ideal para parar y pensar: *¿Dónde no me estoy amando?* Luego ve adentro, encuentra el lugar de vacío y usa las facetas para llenarlo con amor-conciencia. Ten un romance contigo mismo.

Todos tenemos adicciones. No hay un ser humano que no tenga alguna adicción. Puede ser al control, al trabajo, a los dulces, al romance, al sexo, al alcohol o a los cigarrillos. Las adicciones no son malas en sí mismas. Sólo tienes que ver a través de ellas. Sólo tienes que preguntarte: *¿ Esto está dándome realmente lo que yo quiero?*

El punto es: ¿estás apegado a la experiencia? Porque independientemente de aquello a lo que seas adicto, el problema no es el comportamiento en sí mismo, sino tu apego a ese comportamiento.

A medida que expandimos nuestra conciencia, la satisfacción que recibimos de nuestras adicciones comienza a disminuir, y nos damos cuenta de que las cosas que más deseamos son usualmente aquellas que más sufrimiento nos traen.

En la siguiente historia, una practicante del Sistema Isha comparte cómo se las arregló para sanar sus profundas adicciones, amándose a sí misma.

Cuando era niña sufría profundamente con las injusticias que veía en el mundo. A los catorce años descubrí que beber alcohol me ayudaba a sentirme mejor. Cuando tenía dieciséis años, consumía drogas ilegales y el dolor parecía disminuir. Pero después de diecisiete años de adormecer mi corazón, estaba tan desesperada que supe que tenía que hacer algo diferente. Mi consumo de drogas había escalado fuera de todo control. Únicamente quería estar sola con mis drogas, y nada, ni siquiera mi hija, mi pareja o mi profesión, significaba tanto para mí como mi próxima alucinación.

Cuando aprendí el Sistema Isha empecé a experimentar una auténtica felicidad y luminosidad en lo profundo de mí misma. Finalmente había encontrado algo que yo prefería en lugar de mi viejo hábito de consumir drogas. Después decidí ir a Narcóticos Anónimos para ponerle punto final a mi consumo de drogas.

He estado limpia por más de un año, para ser precisa, catorce meses y quince días. Sólo 3 por ciento de los adictos que van a Narcóticos Anónimos pasan un año sin caer de nuevo en la adicción, y yo soy una de ellos. ¿Por qué no recaí? ¿Cómo logré esto, cuando por tantos años no pude pasar siquiera un día sin drogarme? Yo estaba destinada a morir de una sobredosis, ésa era la forma como lo veía. Era una causa perdida. Pero practicando el Sistema Isha me he mantenido viva, limpia y feliz.

Ahora me aprecio como madre. Mi hija disfruta de mi compañía, y yo disfruto de la suya. Me siento bien con lo que soy. Ya no soy más un problema para mi familia, para la sociedad o para el planeta. ¡Ya no soy un problema para mí misma! Soy parte de la solución.

El sufrimiento viene de la necesidad. Sentimos que sin una cosa en particular no estamos completos ni satisfechos, pero así como con cualquier falso dios o droga, lo que sube, tiene que bajar: cuando las drogas dejan el sistema nervioso, nos sentimos enfermos. La alucinación narcótica es siempre seguida por la desilusión y la necesidad de experimentar ese sentimiento otra vez.

A través de la práctica del Sistema Isha, el amor empieza a expandirse y nuestras adicciones comienzan a disminuir naturalmente. A medida que nuestro sistema nervioso eleva su frecuencia, el cuerpo empieza a rechazar las sustancias o comportamientos a los que éramos adictos, porque para poder sostener la verdad, para poder moverse dentro del amor-conciencia, debe sanar y actualizarse.

A medida que el amor-conciencia se eleva, nuestras adicciones caen, y si tratamos de aferrarnos a ellas, finalmente veremos que sólo estamos prolongando nuestro sufrimiento. Por supuesto, en los viejos tiempos, cuando solíamos ser robots, podíamos simplemente sustituir una adicción por otra, pero ahora que la vida ha comenzado a mostrarnos a nosotros mismos, no podemos ignorar más la verdad: tenemos que comenzar a soltar y encontrar plenitud dentro.

> *Om unidad.*
> Atención: subiendo desde la base de la columna vertebral hasta la coronilla de la cabeza.

Esto puede asustarnos y hacernos sentir inseguros, porque es como saltar hacia el vacío de lo desconocido. Pero una vez que saltamos, las recompensas son ilimitadas porque el salto de fe siempre se encuentra con el amor incondicional. Ese salto de fe permite que la rama a la cual estábamos agarrados, la rama del miedo, se disuelva.

Y cuando saltes al vacío, emprenderás el vuelo.

La oportunidad de una vida

La mayoría de nosotros experimentamos momentos de felicidad en nuestras vidas; muchos hacemos una retrospectiva y sentimos satisfacción. Sin embargo, dentro, en lo profundo, yace el anhelo infinito por develar el secreto de quiénes somos realmente, para encontrar la verdadera liberación del sufrimiento, la adicción y la pérdida.

También muchos tenemos relaciones amorosas que terminan en drama y descontento. Por breves momentos experimentamos algo que podríamos llamar amor, pero a menudo está tan lleno de apego que en realidad no tiene nada que ver con su verdadera naturaleza. Sin embargo, como estamos acostumbrados a este modo de vida, ni siquiera somos conscientes de ello. Estamos tan acostumbrados a las elecciones que nos hacen sufrir que ni siquiera nos damos cuenta de que estamos haciendo una elección. El intelecto es tan poderoso que nos convence de que estamos disfrutando esta forma de vida.

Cuando las facetas comienzan a trabajar, empezamos a percibir la perfección. Nos transformamos en amor, en lugar de ser robots, desconectados, caminando medio dormidos por la vida.

Cuando recuerdo cómo solía vivir, parece como si hubiese estado entre niebla, tratando de vislumbrar el significado de todo esto. A medida que fui creciendo, la niebla se transformó en una neblina alcohólica, pero yo todavía era la misma persona, haciendo las mismas cosas, mecánicamente. Es increíble cuán poderosa es la ilusión. La *matrix* del intelecto es tan poderosa que se las arregla para sofocar a Dios. Llegamos a reprimirnos nosotros mismos y aferrarnos a nuestros miedos, hasta que alcanzamos un punto en que no podemos soportar más.

Luego algo sucede, siempre. Nos enfermamos o perdemos un ser amado, ocurre algo para que la presión pueda ser liberada, y dejamos de actuar como lo hacíamos antes y comenzamos a hacer nuevas elecciones.

Había una vez un monje que desesperadamente quería iluminarse. Acudió a su maestro y le dijo: "Maestro, ¿qué tengo que hacer para iluminarme? ¡Estoy dispuesto a hacer lo que sea!"

El maestro dijo: "¡Eso es fácil! Lo único que tienes que hacer es ir al río, abajo en el valle. A la orilla del río verás que hay miles de piedras. Están todas frías, excepto una, una de las piedras es caliente. Si me traes la piedra caliente, te iluminarás".

El monje era un hombre muy inteligente y decidió que para no recoger la misma piedra dos veces, agarraría una piedra y la sentiría, y si estaba fría, la lanzaría al río. Eso fue lo que hizo. Recogió una piedra, la sintió y estaba fría, y la arrojó al río. Luego agarró otra piedra y sintió que estaba fría, entonces la lanzó al río. De nuevo recogió una piedra, sintió que estaba fría y la tiró al río.

El monje hizo esto todos los días, cada día, por treinta años.
Hasta que un día, recogió una piedra...
La sintió...
¡Estaba caliente!
Y por puro hábito, la tiró al río.

El sistema que he compartido contigo por medio de este libro es una piedra muy caliente. No la deseches por simple hábito, tirándola al río automáticamente. Este sistema es experiencial, y para que puedas vivir sus beneficios plenamente debes darle la oportunidad de hacer su trabajo.

Lo que este sistema promete es la oportunidad de experimentar tu propio amor incondicional. Experimentar el cielo en la tierra, estar rendido en cada momento y fluir con los cambios del universo. Vivir en el aquí y ahora, abrazando la abundancia, la belleza y la magia de la vida. Percibir la perfección de tu creación, y *disfrutar su dualidad,* sus inconsistencias, sus humanidades, cada una de sus facetas únicas e infinitas. A medida que cambias tu percepción, encontrarás que esta experiencia humana puede transformarse en el más excitante, maravilloso, inspirador e iluminador juego que jamás haya existido.

La humanidad puede ser compleja, entretenida, hermosa, molesta, insoportable, deliciosa, fascinante, aburrida, creativa y artística. Veo todo esto como un enorme potpurrí, que lanzo al aire y revienta, como palomitas de maíz, mientras caen al suelo. La vida es un juego lleno de maravillas, la naturaleza es mi patio de juego. Me deleito en la belleza del planeta: Amo la magnificencia de los Andes, los áridos desiertos chilenos, las playas llenas de palmeras en Brasil, la exuberante jungla colombiana y las verdes colinas onduladas en Australia. Amo el poder y la perfección de los animales, desde la apariencia cómica del ornitorrinco y el wombat hasta el señorío de un caballo purasangre perfectamente cincelado. Amo al esquelético gato callejero que luce como una infección ambulante y amo la majestuosidad de un jaguar negro que se mueve sigilosamente por la selva tropical. Me encantan los contrastes de la ciudad, amo el ruido, el desorden y la hermosa arquitectura de las avenidas principales, así como también las barriadas asentadas en las cimas de las montañas.

No hay un lugar de la creación donde no pueda encontrarse la maravilla. La inspiración puede venir de personas de todos los caminos de vida, de Osho, el místico hindú, de Nelson Mandela o incluso del mendigo sin dientes de la esquina. La creatividad de la humanidad se presenta de innumerables formas diferentes, a través de los grandes poetas, actrices, filósofos y gurús, así como de la llamada gente normal que nos encontramos cada día.

El mundo está lleno de diversidad, pero la belleza se halla en todo esto. Cuando experimentes unión, sólo verás perfección. Ya no experimentarás miedo, porque finalmente conoces la grandeza de quien tú eres.

Imagina que cuando miras al espejo el rostro que está mirándote es el de alguien a quien verdaderamente amas.
Sólo imagina…

Con amor,
Isha

Apéndice I

Recibir apoyo

Si tienes alguna pregunta sobre la práctica del Sistema Isha, o si sientes la necesidad de hablar con alguien que ha pasado por este proceso de crecimiento que estás comenzando a experimentar, visita *www.isha.com*, para que puedas recibir apoyo gratuito.

Aunque las enseñanzas presentadas en este libro son completas en sí mismas, hay muchas oportunidades de compartir esta hermosa experiencia con otros practicantes del sistema, por medio de seminarios y conferencias. En *www.isha.com* encontrarás información amplia sobre el Sistema Isha, los grupos de apoyo y los eventos alrededor del mundo.

Recomendamos altamente que participes en un seminario del Sistema Isha para que recibas apoyo adicional en tu práctica. En este seminario puedes recibir los portales avanzados para que aceleres tu proceso de crecimiento.

Apéndice 2

"La I" Uruguay

Isha ha establecido un centro internacional para la expansión de la conciencia, "La I", en las costas de Uruguay, en Sudamérica.

Desde el momento en que llegas y hasta tu partida, "La I" te abrazará, envolviéndote en su brillo, abriendo espacios de calidez interior, el lugar perfecto para explorar tu ser interno y sumergirte profundo en las olas siempre expansivas de la conciencia. Maestros calificados estarán dispuestos a apoyarte en tu proceso las veinticuatro horas del día.

"La I" Uruguay ofrece un nuevo concepto de vacaciones. Una visita a "La I" no es escapar de la vida o "alejarse de todo", más bien retornar a tu corazón. Unas vacaciones en "La I" son un viaje de regreso a lo interno. Ésta es la última aventura dentro de tu ser, tu esencia. Te invitamos a venir para explorar tu interior profundo, para vivir las perfectas vacaciones con el mejor compañero que podrás encontrar... Tú.

Para más información y reservaciones, contáctanos:
En los Estados Unidos de América: (646) 688-5232
En Uruguay: (+598) 37 36994
reservaciones@isha.com
www.isha.com

Reconocimientos

Cuando una estrella brilla intensamente provoca un chispazo de luz en el corazón de la humanidad. Pero cuando un millón de estrellas brillan, sus luces son suficientes para iluminar la oscuridad y despertar la totalidad de la creación.

Considero que soy muy afortunada, porque estoy rodeada por una miríada de estrellas que están constantemente irradiando su brillo. Quiero agradecer a todos los que colaboraron con tanto amor en la creación de este libro.

A *New World Library* y *Grupo Santillana*, que perciben y apoyan mi visión.

A Sankara, quien trabajó incansablemente mientras tejíamos juntos los hilos de este libro.

A Sadasakti y Satya por su labor tan delicada de traducir mis palabras al español

A Kali, que moviendo su cola nos bendijo con su amor incondicional.

Y, lo más importante, mi amor y gratitud eternos para mis extraordinarios maestros y mis maravillosos estudiantes, quienes están tomando la responsabilidad de elevar la conciencia de la humanidad mediante su propia sanación.

Sobre la autora

Isha es originaria de Australia. Desde el año 2000 vive en Sudamérica donde ha desarrollado su trayectoria como escritora y maestra, además dirige una organización internacional dedicada a promover su trabajo por todo el mundo. Es creadora de la Fundación Isha Educando para la Paz. Ha impartido sus enseñanzas a niños, gente de negocios, políticos y todo tipo de personas alrededor del mundo. También realiza programas especiales para personas privadas de su libertad, personas con discapacidad, y ha recibido apoyo de las autoridades colombianas para enseñar a ex integrantes de la guerrilla como parte del proceso gubernamental de reinserción a la sociedad. Su sitio web es: www.isha.com. Vive en Uruguay.

Made in the USA
Lexington, KY
30 March 2011